Ecuador
und Galápagos-Inseln

Ulrich Fleischmann (Text) · Miquel Gonzalez (Fotos)

»Einheit in Vielfalt« im Land auf dem Äquator

Gr. Foto: Auf dem Blumenmarkt von Cuenca. Kl. Foto: Spaß und Sport in Quitos Parque de la Carolina.

Grünes Küstenland, eine strenge Geometrie der Felder in den Andenhochtälern, schneebedeckte Gipfel, Regenwälder, durchkreuzt von trägen Strömen – hier kommt seit alters eine beeindruckende Vielfalt von Landschaften, Menschen und Kulturen zusammen. Von Schwierigkeiten, aber auch traditioneller Gastlichkeit ist das Zusammenleben geprägt.

La Mitad del Mundo, die »Mitte der Welt«, ist kein imaginärer oder mythischer Ort; sie befindet sich etwa 20 Kilometer nördlich von Quito in einem trockenen Hochtal mit Einbruchkratern, die landschaftlich nicht ohne Reiz sind. Trotzdem würden nicht täglich Hunderte und Tausende von Touristen die Reise an diesen abgelegenen Ort unternehmen, wenn da nicht noch mehr wäre: Hier hatte im frühen 18. Jahrhundert eine französische Expedition Messungen und Berechnungen angestellt, die es erlaubten, den genauen Verlauf des Äquators zu bestimmen.

Beim Kratersee Quilotoa (westlich von Latacunga) grub sich der Rio Zumbahua tief ins Land

Grünes Land vor dem schneebedeckten Vulkan Illiniza

Einsame Pazifik-Strände im Nationalpark von Machalilla

Tropische Bergwälder im Nationalpark Podocarpus

Die Attraktion dieses Tales ist also eine imaginäre Linie, die, in einen Plattenweg eingezeichnet, für ein kurzes Stück Gestalt annimmt. Nahezu rührend sind die Bemühungen der Besucher, die abstrakte Linie in eine sinnliche Erfahrung umzumünzen, indem sie sich auf der Linie stehend, kniend oder darauf deutend fotografieren lassen; manche suchen noch mehr Kontakt, indem sie sich auf den Äquator legen.

Niemand wundert sich darüber. So bedeutungslos der Ort an sich ist – man kann sich dem seltsamen Gefühl nicht entziehen, direkt auf der Scheidelinie zu stehen, die die Erde in eine nördliche und eine südliche Sphäre teilt und die irgendwo, in von alten Ängsten und neuen Abenteuerbüchern genährten Vorstellungen, auch ein Ort des Fantastischen ist, an dem die Schatten verschwinden, die Hitze unerträglich wird und der Gott Neptun mit allerlei seltsamen Lebewesen wohnt.

Pyramidenbau auf dem Äquator: landeskundliches Museum

Die Mitad del Mundo selbst steht in einem Kreis von Bauten, in denen man ganz banal essen, trinken, telefonieren und andere Alltäglichkeiten verrichten kann. Sie ist ein massiges Gebäude in

Ecuadors Symbol, die Äquatorlinie, führt ins Denkmal Mitad del Mundo

Ecuador ist klimatisch und landschaftlich eine Übergangszone zwischen dem feuchten Kolumbien und dem trockenen Peru. Mangrovenwald und Sandküste, die strengen Linien der Berge und der Páramo-Heide, ewiger Schnee und tropische Regenwälder: der landschaftliche Reiz Ecuadors liegt im unmittelbaren Nebeneinander vieler verschiedener Klima- und Vegetationszonen des südamerikanischen Kontinents.

Meeresechse, Lavafelsen, Wasser: auf der Galápagos-Insel Fernandina

Form einer Pyramide; eine Erinnerung und Vorstellung sakraler Bauten aus vorkolumbischer Zeit. In ihrem Inneren führt eine Treppe zu dem mit einer Weltkugel geschmückten Dach, vorbei an einer Art Ausstellung, die sich über alle Etagen erstreckt.

Gezeigt werden beispielsweise Arbeitsgeräte oder Trachten – ethnographisches Material, wie es viele Museen dieses an Völkern so reichen Landes bieten. Doch hier ist es etwas anders arrangiert: Nicht nur Blasrohr und Lendenschurz der scheuen Huaroni-Indianer aus den unzugänglichsten Amazonasregionen findet man, sondern auch die Fotokopie eines Personalausweises, der den Huaroni zu einem Bürger Ecuadors macht. Nicht nur archäologisches Gut aus den frühen Küstenkulturen ist ausgestellt, sondern Dokumente zur Lebensweise der Cholos de la Costa, der Mestizen der Küste oder der Cholos de Cuenca. Das sind »Völker«, die die Ethnographen im Allgemeinen nicht mehr sonderlich interessieren.

Aber es geht auch nicht um Wissenschaft, sondern um das Selbstverständnis einer Nation, das hier, an einem besonderen Ort, wie ein Manifest präsentiert wird: Der Äquator, jene gestaltlose Linie, die dem Land seinen Namen gegeben hat und die viele Klimazonen und Kulturen durchschneidet, wird zu einem, vielleicht zum einzigen Band, das eine Nation zusammenhält, die im traditionellen Sinne nie eine war. Aus der »Mitte der Welt« wird auch die »Mitte Ecuadors«, in der Fremden und Einheimischen gleichermaßen gezeigt wird, dass man sehr verschieden und doch eins sein kann.

Verschiedene Bruchlinien in einem einzigen Land

Einheit in der Vielfalt, so lautet die offizielle Lesart, mit der Schwellen und Bruchlinien im Selbstverständnis der Ecuadorianer überspielt werden: Bruchlinien der vulkanischen Natur des Landes, die zwischen das Küstenvorland und das Hinterland des Amazonasbeckens zwei steil abfallende Gebirgsketten geschoben hat; Bruchlinien der Kultur und Lebensart, die Menschen der Hochtäler von denen der Küste trennen; vor allem aber Bruchlinien in Geschichte und Mythen. Die haben nicht das heute so gefällige Bild von Vielfalt hinterlassen, sondern eine über Jahrhunderte bewahrte und nie ganz überwundene Zweiheit: Sierra und Costa, die Zucht und Strenge der Gebirgsbewohner auf der einen Seite und die Leichtlebigkeit der Küstenvölker auf der anderen.

Die Geschichte des Landes war über Jahrhunderte von den Anden geprägt worden: Hier in der dünnen Luft, im kalten Nebel und Nieselregen, auf steilen, schlammigen, steinigen Äckern musste der Mensch um sein Überleben kämpfen, steinerne Häuser bauen, Lamas und Schafe halten und aus ihrer Wolle Ponchos und Hüte weben.

Die kalten Regionen, so glaubte man bis ins 19. Jahrhundert, waren die Wiege der Zivilisationen. Militärische Disziplin, Expansionsdrang und die Gründung großer Reiche gehörten dazu: Hier fand große Geschichte statt, hier wurden Dynastien gegründet, Helden und Könige geboren und die Menschen die in ihrem Dienst starben, wussten wofür.

Angesichts der großen Rolle, die Inka-Könige im geschichtlichen Selbstverständnis der Ecuadorianer gespielt hatten, erstaunt es, wie kurz ihre Präsenz in diesem Lande gewesen war: Nicht einmal hundert Jahre Inkaherrschaft waren es gewesen.

Und doch ist das eine Zeit der Legenden, die sich um drei Herrschergestalten ranken: Yupanki Inka, der Eroberer, der auch eine mythische Reise zu den Feuerbergen der Galápagos-Inseln unternommen hatte und in Tomebamba, dem heutigen Cuenca, eine einheimische Cañari-»Prinzessin« gefreit hatte. Dann Huayana Capác, der Erbauer, der als Sohn aus diesem neuen Geschlecht ein »ecuadorischer« Inka war und im Palast von Tomebamba Hof hielt. Und schließlich Atahualpa, der Unglückselige, den Pizarro mit dem Würgeisen hinrichten ließ.

Auf den ersten Blick ist es erstaunlich, dass die neuen spanischen Herren dieses Geflecht aus Heldensagen und Gründungsmythen nicht ausgerottet haben. Auf den zweiten Blick aber erkennt man: Es entsprach ganz dem spanischen Verständnis von Tradition, Herrschaft und Vasallentreue.

Mord am Inka-König Atahualpa – ein dunkles Verhängnis

Königsmord, die Tötung Atahualpas, war auch nach spanischem Verständnis ein schreckliches Vergehen, das sich nur als ein dunkles Verhängnis, als schicksalshafter Kampf zwischen Rivalen erklären ließ: Der Sieger Pizarro trat als neuer Inka an die Stelle des Besiegten. Quechua blieb auch in spanischer Zeit Herrschaftssprache, an den alten feudalen Strukturen änderte sich wenig, auch wenn jetzt Landfremde die Besitzer von Land und Indianern wurden. Kontinuität und Tradition wurden zu einem Mantel der Erstarrung, der soziale Konflikte einhüllte und aus dem sich die Sierra nicht mehr selbst befreien konnte.

Nun trat das fruchtbare Küstenvorland auf den Plan der Geschichte Ecuadors. Bis zum Ende des 19. Jahrhunderts

Bei den Saraguros nördlich von Loja: Abgeschlossenheit und Reichtum ihres Tales zeigen sich im Nebeneinander von Tradition und Fortschritt

Panamahut-Produktion

Auf dem Markt von Ambato (unten)

Niemals ohne Hut: In den Anden ist er Ausweis für die Herkunft

Friedhöfe und Totengedenken sind ein wichtiger Teil der Andentradition

Hüte in vielen Formen, weite Röcke und Hosen, Ponchos und Gürtel in verschiedenen, genau festgelegten Farben, Silbernadeln, Ketten und Broschen: In den ländlichen Andengebieten sind die traditionellen Trachten nicht Schau- und Museumsstücke, sondern ein wichtiger Teil der Identität der Menschen, der auf die Zeiten vor Kolumbus und vor den Inkas verweist. Deutlicher als Sprache und Kultur kennzeichnet die Tracht die Herkunft jedes Einzelnen. Hingegen kleiden sich die stärker vermischten Cholos der Küste eher »westlich«: Ihre breitkrempigen Hüte und gerüschten Röcke erinnern an alte spanische Trachten.

hatte es für Ecuador kaum eine Rolle gespielt. Nur über mühselige und gefährliche Maultierpfade erreichbar, war es Hinterland und wilde Grenze geblieben. Es wurde beherrscht von Hacenderos, die kleine Könige über riesige Ländereien und Rinderherden waren. Ihre »Untertanen«, die wilden und freien Peones, hatten mit den Indianern des Hochlandes nur wenig gemein.

La Costa, die Küstenregion: Befreiung aus der Erstarrung

Doch nun kam Bewegung in die Entwicklung: Eisenbahnbau, Bevölkerungswanderungen, Kakao, Bananen, Rohstoffe, neue Häfen und die Öffnung des Landes für den Handel – Stichworte und Kürzel für ein neues Lebensgefühl, für das die Welt der Anden mit engen Tälern und schneeigen Gipfeln zu eng geworden war. Die Moderne war Trumpf und

Quitos Prachtstraße, die Avenida Amazonas

dies bedeutete, dass sich auch Ecuador aus der inkaisch-spanischen Tradition lösen musste. So suchte man nach einer neuen Geschichte des Landes, das alle seine Teile einschloss.

Ein Volk aus legendärer Vorzeit: die Cara

Man fand sie in den Mythen und anderen Bruchstücken einer kollektiven Erinnerung, in deren Mittelpunkt das Volk der Cara steht. In legendärer Vorzeit waren sie aus Mittelamerika gekommen und hatten sich der heutigen Küste Ecuadors angesiedelt, in der Nähe der Stadt Bahía de Caráquez, deren Name noch heute an sie erinnert. Hier waren sie die Nachbarn der Manta geworden, eines Volkes von Seefahrern und Erben der Valdivia-Kultur, die rund 5000 Jahre zurückreicht.
Aber nicht ihre alte Geschichte und die Verwandtschaft zu den Küstenvölkern machten die Cara zu »idealen« Vorfahren. Sie hatten auch ein Band zur Sierra geknüpft, wo sie sich im Gebiet zwischen Quito und Ibarra niedergelassen hatten. Die Otavalo-Indianer gelten als ihre letzten Nachfahren, und sie stellen Qualitäten vor, die sich die modernen Ecuadorianer gern zu Eigen machen: Sie haben Eleganz, Kunstsinn, zeigen Geschäftstüchtigkeit und eine bemerkenswerte Weltläufigkeit.

Bolívar-Denkmal vor Guayaquils Kathedrale

In ihrer neuen Sierra-Heimat mussten die Cara mit den Inka zusammenstoßen. Damit entstand auch eine neue Sierra-Geschichte – die eines über Jahrzehnte dauernden Widerstandes und des heldenhaften Endes der Cara. Der Yahuarcocha, der Blutsee von Ibarra, ist sein Symbol: Ihn färbte das Blut des letzten Aufgebots der Cara, die als Gefangene niedergemetzelt und in den See geworfen wurden.
Der Blutsee und Pumapongo, der Palastbezirk der Inkas in Cuenca: Sie sind als Kontrapunkte aufgebaute »Orte der Erinnerung« im Nationalgefühl der Ecuadorianer – auch wenn sie von einer wenig sensiblen Moderne inzwischen rüde zugebaut worden sind.

Geschichte der Toleranz unter gleichberechtigten Völkern

Man erinnert sich der Cara und anderer geopferter Völker, wie der Puruha oder Cañar. Das heutige Ecuador ist immer noch geprägt von den alten Bündnissen freier und gleichberechtigter Völker, von einer Geschichte der Toleranz, freundlicher Weltoffenheit und Gastlichkeit. Nicht erst moderne (und heute verfallende) Eisenbahnen hatten das Land zusammengebracht, sondern alte Handelwege, alte Allianzen und Freundschaften.
Allerdings hat das Kolonialsystem neue Brüche geschaffen: zwischen Arm und Reich, zwischen Spaniern und Indianern. Über die Jahrhunderte hinweg blieben die Indígenas der Sierra Leibeigene der

Innenhöfe, hier in der Municipalidad von Ibarra, sind traditionelle Oasen der Ruhe in jeder Stadt

spanischen Feudalherren, deren Schicksal Jorge Icaza in seinem Roman »Huasipungo« in allen grausigen Details geschildert hat. Auch wenn sich einiges, nicht zuletzt aufgrund der Wirkung des Romans, geändert hat, so zeigen die Ereignisse Anfang des Jahres 2000 – der erfolgreiche, doch betrogene »Aufstand« der Indígenas –, dass sie sich weiter als die Packesel der Nation verstehen.

Das Problem ist überall auf der Welt das gleiche: die allgemeine Verarmung, oder, besser gesagt, die ungleiche Verteilung der Reichtümer des Landes. Aber obwohl die sozialen Gegensätze in Ecuador auch in Lateinamerika ihresgleichen suchen, blieb dem Land – bisher – die exzessive Gewalt wie in den Nachbarländern Kolumbien und Peru erspart.

Ein Wald von Kirchenkuppeln – das Wahrzeichen der alten Stadt Cuenca

Touristenparadies Baños: zwischen Hochland und Amazonasregion

Eine hoch entwickelte städtische Kultur zeichnet alle alten spanischen Kolonien aus. Als religiöse und kommerzielle Mittelpunkte reicher landwirtschaftlicher Regionen waren sie kunstreich ausgestattet; heute ersticken sie unter dem Gewicht verarmter bäuerlicher Zuwanderer, für die sie der letzte Hoffnungsanker sind.

Wie sich die Armut in Ecuador manifestiert, kann man täglich an vielen Orten beobachten. Etwa in Manta am Pazifik: In einem der offenen Strandrestaurants an der eleganten Playa Murcielago hat eine größere Essensgesellschaft üppig bestellt und viel übrig gelassen. Auf dem verlassenen Tisch stehen unzählige halb gefüllte Schalen mit Ceviche aus frischem

Fisch, gebratenem Fleisch, Reis, gebackenen Bananenscheiben, Reis, Salaten, dazu halb gefüllte Cola-Flaschen. Schuhputzerjungen, die auch hier – auf wenig Erfolg versprechendem Terrain, denn die meisten Gäste tragen nur Gummisandalen – ihrem Geschäft nachzugehen versuchen, streichen begehrlich um den Tisch. Hunger und Gier lassen sich kaum verbergen, doch eine unsichtbare Schranke hält sie auf Distanz. Sie verschwinden. Ein sauber gekleideter dünner Jüngling, der ohne Erfolg eine Zeitschrift zu verkaufen versucht, geht auch an dem Tisch vorbei, kommt zurück, bleibt stehen, geht schließlich in das Restaurant und bittet um die Reste.

Arbeitslose Jugendliche werden Schuhputzer

Restauranttisch-Reste reichen für viele Habenichtse

Sie werden ihm nicht verweigert; er setzt sich glücklich an den Tisch und beginnt, die vielen Schüsseln zusammenzuschütten. Plötzlich sind auch die Schuhputzerjungen wieder da, und es werden ganz schnell immer mehr. Der Mann schlürft, löffelt und teilt den anderen Reste zu: hier ein paar Bananenscheiben, dort ein Stück Fisch, Cola-Flaschen. Ordentlich und ohne Streit leeren sich die Schüsseln im Nu. Am Ende stellen die ungebete-

Warten auf Weiterfahrt: Die ecuadorianische Wirtschaft befindet sich schon lange in einer Krise

Bananenpflanzungen (südlich von Guayaquil) sind noch Devisenbringer

Die ecuadorianische Wirtschaft taumelt von Krise zu Krise. Damit verstärkt sich das Ungleichgewicht zwischen den modernen städtischen Sektoren, in denen wenige viel Geld verdienen, und den alten Traditionen des Handwerks und der kleinen Landwirtschaft, die nur noch ein prekäres Überleben bieten können. Dazwischen breitet sich immer mehr der Sektor der Dienstleistungen aus, der zum guten Teil vom Tourismus lebt: Fremdenführer, Chauffeure, Schuhputzer, Händler, die auf der Straße kleinste Mengen von Waren anbieten oder Telefone und Personenwaagen vermieten.

Handwerker in Quito warten samt Arbeitsgerät auf einen »Job«

nen Gäste noch das Geschirr zusammen und verstreuen sich in alle Richtungen.
Armut in Ecuador: Nachts auf der Avenida Amazonas von Quito durchsucht ein Heer von Indígenafrauen und Kindern die Papierkörbe und Abfalleimer nach Essbarem. Hunger und Elend in dorianer passt nicht nur auf seine, sondern auch auf die Sachen des Nachbarn auf und ist zutiefst entsetzt über die wachsende Kriminalität, vor der er Fremde immer wieder und nachdrücklich warnt. Der Übergang zum ladrón, zum Dieb und Straßenräuber, ist nicht, wie in Nein, das Elend ist hausgemacht. »Mitte« bedeutet heute weniger der Ausgleich zwischen Sierra und Küste; es ist der friedliche und freundliche, der »bürgerliche« Alltag, in dem die Ecuadorianer aus allen Schichten sich gegen die Politik und wachsende Kriminalität zu behaupten

Der Textilmarkt von Saquisilí: Das Geschäft mit den Touristen hält das ländliche Handwerk am Leben

einem Land, das dem Touristen wegen seiner niedrigen Preise wie ein Schlaraffenland vorkommt.

Hier wird man nicht zwangsläufig zum Dieb oder Gauner

Und trotzdem: Kaum jemand versucht, selbst eine Art ausgleichende Gerechtigkeit herzustellen. Die Preise sind bekannt und für alle gleich: Der Taxifahrer stellt selbstverständlich auch für den ausländischen Besucher sein Taxameter an; der Straßenverkäufer erhöht den Preis seiner Kaumgummis nicht für die »Amerikaner«. Nur die öffentliche Verwaltung verlangt für den Eintritt in Nationalparks und Museen einen Ausländer-Tarif.
Armut wird noch zivil und ordentlich »geregelt«. Der durchschnittliche Ecuadorianer passt nicht nur auf seine, sondern auch auf die Sachen des Nachbarn auf und ist zutiefst entsetzt über die wachsende Kriminalität, vor der er Fremde immer wieder und nachdrücklich warnt. Der Übergang zum ladrón, zum Dieb und Straßenräuber, ist nicht, wie in anderen Ländern, ein schleichender; er ist hier, auch für bitterarme Leute, ein Quantensprung.
Der einzige Bereich, in dem diese Grenzen schon lange verwischt sind, ist die Politik. Doch hier hat die öffentliche Verbitterung die kritische Grenze erreicht. Ob Taxifahrer, Kellner oder Büroangestellter – niemand macht ein Hehl daraus, in welchem Maß er Ehrlichkeit, die zivile Gesellschaft, den Alltag als bedroht empfindet: von der verzweifelten Kriminalität der Armen und mehr noch von der Korruption und maßlosen Gier der Politiker.

Man hört: »Wir sind ein reiches Land von armen Menschen.« Die Schuld daran schiebt man nicht auf die ausländischen Bananen- und Ölkonzerne, nicht auf den Internationalen Währungsfonds. Nein, das Elend ist hausgemacht. »Mitte« bedeutet heute weniger der Ausgleich zwischen Sierra und Küste; es ist der friedliche und freundliche, der »bürgerliche« Alltag, in dem die Ecuadorianer aus allen Schichten sich gegen die Politik und wachsende Kriminalität zu behaupten versuchen. Die »Mitte« ist der Bereich zwischen Arm und Reich, in dem man auf anständige Weise überleben kann.

Ein bisschen mehr soziale Gerechtigkeit – das war die Forderung der Indígena-Organisationen. Doch an die Stelle des aus dem Amt gejagten Präsidenten trat der Vizepräsident, einer der reichsten Männer Ecuadors und – als Besitzer eines der größten Bankhäuser des Landes – Mitverantwortlicher der nicht endenden Wirtschaftskrise. Die betrogenen Indianer und Armen duckten sich wie immer und nahmen Scheitern und neue Bürden auf sich. Inka-Könige, spanische Feudalherren, arrogante Militärs und korrupte Politiker: Die Ecuadorianer haben Warten gelernt. Eines Tages wird das Land, jenseits aller Exzesse von Gewalt und Korruption, seine »Mitte« finden.

Koloniale Pracht, moderne Probleme

Fotos: Größtes koloniales Bauwerk Quitos ist das Kloster San Francisco, dessen Kirche im goldenen Barock schwelgt.

Ausgerechnet in ein nicht allzu viel Freiraum bietendes Tal in fast 3000 Metern Höhe zwängt sich die Millionenstadt Quito – da gibt es zwangsläufig Verkehrsprobleme. Ecuadors Hauptstadt hat ein sehenswertes, teilweise bröckelndes koloniales Erbe mit Renaissance- und Barockkirchen, Klöstern und Palästen zu bieten, dazu einige schöne Jugendstilbauten. Und im Gassengewirr trifft man, außer bettelnden Kindern, den nichtsnutzigen Chulla.

Der Panorama-Blick vom Vulkan Pichincha auf die von Bergzügen umschlossene Stadt

Die »schönste Stadt Südamerikas«, wie manche sagen? Auf jeden Fall verlässt niemand Quito unbeeindruckt, von Alexander von Humboldt angefangen bis zur Unesco-Kommission, die der Kolonialstadt von Quito 1978 den Titel »Weltkulturerbe« zuteilte. Unbeachtet bleiben bei Lobpreisungen die Probleme, die zum einen die jeder Großstadt der Dritten Welt sind, zum zweiten auf der Enge und vulkanischen Natur seines Hochtales beruhen.

Den Anflug auf Quito wird man nicht so schnell vergessen: Das Flugzeug hat die letzte Reihe von Fels- und Schneegipfeln überwunden und schraubt sich zu dem weißgrauen Häusermeer hinunter. Der sich mitdrehende Reisende hat längst die Orientierung verloren. Häuser und Straßen, immer neue Felsnasen und -grate wachsen in das Blickfeld hinein, bis er, ebenso fasziniert wie erleichtert, das Aufsetzen des Flugzeugs spürt.

Der Flugplatz befindet sich zwar nicht im Zentrum von Quito, aber doch in dicht bebautem Gebiet; er ist provinziell klein und wird es mangels Platz wohl bleiben. Er platzt aus allen Nähten, auch weil Freunde, Verwandte, Kollegen den An-

Plaza de la Independencia: Ständchen ...

Erst im 20. Jahrhundert hat sich die Entwicklung Quitos von dem kolonialen Kern gelöst, und so ist im Norden des Hochtals eine neue Stadt entstanden. Soziale Gegensätze und beengte Verkehrsverhältnisse sind die Hauptsorgen der Stadtväter. Hinzu kommen die Unruhe des Vulkans Pichincha und die unsichere Tektonik des Hochtals.

... und Schuhputzservice (unten)

Keine Schönheit: der Engel auf dem Panecillo wacht über die Stadt

Im Viertel Bellavista: Das bürgerliche und moderne Quito liegt im Norden des Hochtals

kommenden und Abfliegenden die Ehre geben.

Das Hotel, in dem man – etwas atemlos aufgrund der Höhe von fast 3000 Metern und der rasanten Taxifahrt – ankommt, liegt sehr wahrscheinlich in der Calle Juan León Mera oder ihren Seitenstraßen. Nahezu alle Hotels liegen hier – mit Ausnahme der ganz großen oder der ganz bescheidenen –, in einem Viertel aus den ersten Jahrzehnten des 20. Jahrhunderts, als Quito noch langsam wuchs. Was heute in der Mitte der Stadt liegt, war damals ein gut situiertes Villenviertel am Stadtrand, und einiges der alten Bausubstanz hat sich bis heute erhalten. Man erkennt noch chaotisch zugebaute Überreste von Gärten und Patios.

Die großen Hotels locken auch das »Kleingewerbe« an

Die Hotels, auf Schrittweite von einander entfernt, haben viele andere Aktivitäten angelockt: Cafés, Imbissstuben, namhafte Restaurants, Reisebüros, Waschsalons, Buchhandlungen. Mit ihnen kam aber auch die »arme Welt« mit ihrem Kleingewerbe: Straßenhändler, Geldwechsler, Schuhputzer – eine durchweg leicht schräge Mischung und nicht der schlechteste Ort für die erste Lektion Quito: An Straßen- und Häuserecken sitzen die ordentlich bezopften Indígenamädchen oder -frauen, das Jüngste im Poncho auf den Rücken gebunden, vor sich ein Korb mit Kaugummi, Zigaretten, Schokoladenriegeln und Kugelschreibern, und laden zum Einkauf.

Daneben kleine Garküchen, wo aus einem Kessel heraus die Mittagssuppe geschöpft wird; zu den Kunden, die sich auf einem Mäuerchen und einigen Klappstühlen versammeln, gehören Büroboten, Taxichauffeure, aber auch der Zeitungshändler, der den Vormittag damit verbracht hat, seine Kunden schon von weitem zu erspähen und mit der richtigen Zeitung zu bedienen. Drei Schritte weiter werden Ausweise und Schriftstücke in Plastik gefasst, neben einer alten Frau, die ihren Unterhalt mit einer Badezimmerwaage verdient, und einer gut angezogenen Dame mit Tisch und Stuhl; darauf ein durch einen geheimnisvollen Draht mit dem Netz verbundenes Telefon, das, wie ein Schild ankündigt, »zu vermieten« ist.

Auf 200 Metern Straße das Lebensnotwendige erledigen

An der Juan León Mera selbst stehen, in akkuraten Abständen in der »Todeszone« zwischen Gehsteig und Verkehr, die Losverkäufer und wedeln in akrobatischer Schräglage ihre Losscheine vor den Windschutzscheiben der Autos. Es gibt wenig, was man nicht auf 200 Metern Straße kaufen oder erledigen könnte. Manches Angebot richtet sich nach dem Wetter: Scheint die Sonne, so steht natürlich der Sonnenbrillen-Verkäufer da und schwenkt seine auf einem Gerüst ausgestellte Ware; droht ein Gewitter, sind unfehlbar Händler mit Regenschirmen und Plastikumhängen zur Stelle. In einer Welt, in der es mehr Verkäufer als Kunden gibt, hängt das Überleben davon ab, daß man eine »Nische« findet: ein Produkt, dass außergewöhnlich, aber doch gefragt, in einer Straße, die noch nicht ganz besetzt, aber doch gut besucht ist.

Ganz Quito wird zu einem großen Markt; das Viertel um die Calle Juan León Mera ist beliebt, denn hierhin kommen die Quiteños aus allen Schichten und Stadtteilen: Touristen, Intellektuelle der Zukunft auf der Suche nach dem Brot der Gegenwart, die Jeunesse dorée, die nach dem abendlichen Autokorso auf den großen Avenidas in die Bars und Nachtlokale schwärmt, die »VIP«-Herren, die mit Aktenköfferchen und Handy zum nächsten Geschäft eilen, Großfamilien und Schulkinder, gut gekleidete Paare, die ein geeignetes Restaurant suchen, und zuletzt, als bitterer Akzent, bettelnde Indígenakinder und -frauen, die nachts die Papierkörbe durchstöbern.

Dichter Verkehr, dessen Qualm die Sonne verdunkelt

Parallel zu der Juan León Mera verläuft die Avenida Río Amazonas. Sie ist die elegante Straße der Stadt und zugleich eine von den wenigen, die Quito von Nord bis Süd durchziehen – Hauptschlagadern, die immer vom Verkehrsinfarkt bedroht sind. Eine Millionenstadt, die ständig unterwegs ist: in Tausenden von kleinen gelben Taxis und Kolonnen stinkender Busungetüme, die sich gegenseitig überholen, den nächsten Fahrgast auffischen und sich blindlings, unter Hinterlassung schwarzer Qualmwolken, wieder in den Verkehr stürzen.

Es gibt nicht wenige Tage, an denen der Wetterbericht Sonnenschein prophezeit, doch die Stadt bleibt grau und die ohnehin dünne Luft wird gänzlich ungenießbar. Die Stadtverwaltung kann nicht viel dagegen tun, ohne sich in einem Netz sozialer und wirtschaftlicher Zwänge zu verfangen: Das Verlegen von Busbahnhöfen an die Peripherie oder die Sperrung ganzer Straßen für den Busverkehr verschiebt nur das Problem. Umgehungsstraßen wurden durchaus gebaut, doch sie zwingen angesichts der Lage der Stadt zu großen, Benzin verschlingenden Umwegen.

Hinzu kommt, dass das Transportwesen die Domäne eines aggressiven Kleinkapitalismus ist, in der man um den kleinsten Vorteil ringt, der Stadtverwaltung immer wieder Sonderregelungen abhandelt und als letztes Mittel, so bei der Benzinpreiserhöhung von 1999, mit einem Streik die ganze Stadt lahm legt.

Eine einzige U-Bahn-Linie zwischen Nord und Süd würde der Stadt viel Luft machen, doch alle Planungen endeten mit dem Verdikt: zu teuer und, angesichts der häufigen Erbeben, zu gefährlich. So griff man schließlich zu einer kuriosen Notlösung, die inzwischen zu einer unentbehrlichen Institution geworden ist: dem Trolé.

Etwas Entlastung bringt der elektrische Trolleybus

Das ist ein zwischen Nord und Süd auf eigener Trasse verkehrender, elektrisch betriebener Trolleybus mit erhöhten, käfigartigen Haltestellen, in die der Passagier durch ein Drehkreuz mit automatischer Kasse eingelassen wird. Obwohl er in Minutenabständen fährt, ist der Trolé meist maßlos überfüllt – eine Goldgrube für Taschendiebe, auch wenn angeblich Hunderte von Zivilpolizisten auf der Strecke tätig sind und der Fahrer ständig

Plaza de la Independencia mit Regierungspalast Calle Galápagos (unten)

Die Plaza de la Independencia ist für die Ecuadorianer das Herz der Stadt und des Landes: Sie wird begrenzt durch das Rathaus von Quito, den Regierungspalast und die große Kathedrale. In ihrer Mitte ragt das Denkmal auf, das an die gegen Spanien erkämpfte Unabhängigkeit erinnert. Neben diesen symbolischen Denkmälern bietet sich aber auch ein Kaleidoskop ecuadorianischer Realität: Zwischen Parkanlagen und -bänken tummeln sich den ganzen Tag Schuhputzer, Limonadenhändler, Losverkäufer und Müßiggänger – auch solche, denen man nicht allzu sehr über den Weg trauen sollte.

Die Plaza de la Independencia, die »Bühne« der Stadt, lädt zu Beobachtungen ein

Kasettendecken und Wandgemälde schmücken den feudalen Präsidentensaal im Regierungspalast

Eine Doppelwache behütet den Eingang zum Regierungspalast

Siegessäule für die Schlacht von Pichincha

Warnungen und Drohungen über seinen Lautsprecher schickt. Trotz allem: Der Trolé ist eine Erfolgsgeschichte, und man plant laufend Erweiterungen und Verfeinerungen des Systems, denn die Stadt wächst und wächst.

Aber wohin kann sie noch wachsen, diese eigentümliche Stadt, die durch das Korsett der Kordillerenstränge eingeschnürt ist? Die armen Leute bauen auch die Abhänge, die »Laderas«, hinauf

Uralte Goldmaske im Museum der Zentralbank

und bekommen frei Haus die schönsten Aussichten Quitos. Aber sie zahlen auch einen Preis: Erst 1999 spuckte Quitos unfreundlicher Hausvulkan, der Guagua (»Baby«) Pichincha, Qualm und einige Tonnen weiße Asche über die Stadt und vor allem die Berghänge. Das Weidevieh verhungerte, und durch die Slumdächer quoll das glitschige weiße Zeug; so viele Menschen stürzten beim Abkehren ihrer Dächer in die Tiefe, dass die Stadtverwaltung über Rundfunk und Zeitungen dringend darum bat, doch lieber auf den nächsten Regen zu warten.

Eine historische Perle: die Kolonialstadt

Das historische Quito entstand am südlichen Ende des Tals, dort wo ein »nudo«, ein Gebirgsquerriegel, die Stadt gegen Feinde aus dem Süden schützte. Die Shyri-Föderation der Caras und Puruhas, Herrin von Quito in vorkolumbischer Zeit, konnte sich fast bis zuletzt gegen die Inkaheere wehren. Atahualpa war der erste Inka, der, zu einer Zeit, als Kolumbus schon amerikanischen Boden betreten hatte, das Tal von Quito in den Griff bekommen und es durch die Erweiterung der großen Inkastraße in das Reich integriert hatte. Er war aber auch der letzte Vertreter der alten Zeit: Opfer Pizarros, der Spaniens Herrschaft mit einem Königsmord begann und Atahualpas Stadt zerstören und überbauen ließ.

Eine der vielen Kirchen Quitos: La Basilica

Das koloniale Quito entstand zum größten Teil in den ersten 100 Jahren spanischer Kolonisation: prachtvoll und mächtig dank des Inka-Goldes, Ausdruck eines imperialen Willens und des Sieges der christlichen Götter über die Heiden. Das alte Quito, das nun den Namen der ganzen Region trug, war eine der wichtigsten Städte des spanischen Amerika und bis ins 20. Jahrhundert hinein ein Zentrum von Macht und Handel, in dem alle Ressourcen zusammenflossen.

Vor rund 70 Jahren änderte sich das Bild: Die begüterten bürgerlichen Schichten verließen das alte Zentrum und siedelten sich im offenen Norden an; aus Villenvororten wurde Stadt, denn Handel und Gewerbe zogen mit. Der Wirtschaftsboom des Zweiten Weltkrieges und die Moderne schufen sich neue Zentren.

So geriet die Kolonialstadt mehr und mehr in eine soziale und wirtschaftliche Randlage. Die Ernennung zum Weltkulturerbe hat vielen, nicht zuletzt den Stadtvätern, vor Augen geführt, dass das alte Quito eines der bedeutendsten kolonialen Ensembles des andinen Raumes und der ganzen Neuen Welt darstellt. Die Restaurierung ist in vollem Gange und lässt alten Prunk wieder auferstehen, doch die soziale Problematik bleibt. Zwischen Kirchen und Plätzen, in den Schatten gepflasterter Gassen, unter Bögen und Laternen wohnen auch Unterbeschäftigung, Arbeitslosigkeit und Armut. Wenn die Schatten länger werden und in Nacht übergehen, ist Alt-Quito keine sichere Stadt mehr.

Blick und Überblick über das alte Quito gewinnt man entweder von dem Panecillo, dem mit einem gichtig verbogenen Engel geschmückten Hausberg der Stadt, oder aber, weniger aufregend, in einem der Pavillons der Mitad de Mundo. Hier steht, einen dunklen Raum ausfüllend, ein detailgenaues Modell der kolonialen Altstadt.

Sein Schöpfer, der Historiker und Hobbybastler Guido Falcony, kann auf besonderen Wunsch dem lieben Gott ins Handwerk pfuschen und mit Son et Lumière in einer Viertelstunde einen ganzen Tag ablaufen lassen, auch Tageszeiten, die man kaum wirklich erleben wird wie etwa das blaugraue Morgengrauen mit Vogelgezwitscher. Dazu erklärt er den Grundriss. Wie in allen amerikanischen Städten ist er ein Gitterwerk von sich rechtwinklig kreuzenden Straßen. Doch in Quitos Altstadt ist es seltsam verbogen, denn die ruppige Natur des andinen Hochtals widersetzte sich dem Ordnungswillen der spanischen Eroberer.

In der Kolonialstadt: die sehr lebendige Calle Rocafuerte

Religiöses und alltägliches Leben liegen oft dicht beieinander

Im Giebel der Kirche von San Agustín präsentiert der Heilige seine Kirche

Der Reichtum der Stadt an Kirchen und religiösen Kunstschätzen hat manchmal, vor allem, wenn Gold im Spiel ist, etwas Verschwenderisches, Unmäßiges: Es ist der selbstgefällige Ausdruck einer Großmacht, die ihren Rang auf ihren religiösen Auftrag gründet. Wenn man von der Großartigkeit ermüdet ist, sollte man das Vergnügen im Detail suchen – in Kleinigkeiten und Abweichungen, in denen sich nicht selten die Hand einheimischer, indianischer Künstler zeigt: Auch das Auftrumpfen der spanischen Kirche kann nicht immer das Erbe der amerikanischen Kulturen überspielen.

Im Gassengewirr und in der Calle Guayaquil

In dem Gewirr der Gassen lässt sich leicht die Orientierung verlieren: Treppchen, Mauervorsprünge und Plätze verwirren das Grundmuster der Stadt und mancher Straßen, die mit sanften Kurven mehr den Falten und Höhenlinien des Terrains folgen als dem Tuschstrich des spanischen Stadtplaners. Hierzu gehört auch die Calle Guayaquil, die für sich

Das Stadtmuseum (Museo de la Ciudad) beherbergt einen der schönsten Innenhöfe

allein ein Stück Geschichte ist: Schon zu kolonialen Zeiten war sie die große Durchgangsstraße, erbaut auf den Resten des alten Inkaweges. Im 19. Jahrhundert wurde sie zur Calle de Commercio, an der sich die gut betuchten Bürger ihre Häuser mit Balkonen und Patios bauten. Und obwohl sie heute zur lärm- und qualmgefüllten Verbindungsstraße in die nördlichen Stadtviertel degradiert ist und fast die ganze Breite ihrer Bürgersteige dem Verkehr geopfert hat, ist sie ein Leckerbissen für den Stadtwanderer.

Die Grenzen der heutigen Calle Guayaquil sind zwei Plätze, die den Zugang zu der kolonialen Stadt kennzeichneten: die Plaza de San Blas im Norden und die Plaza de Santo Domingo im Süden. Beide waren ausgestattet mit Kirchen, die zur Rettung der an den Markttagen hereinströmenden »wilden« Indianerseelen gedacht waren. Unmittelbar daneben kümmerten sich Wachposten um eine andere Form der rescate, um die »Rettung« von mitgeführtem indianischen Gold zugunsten von Kirche und Krone.

Die sehenswerte Calle La Ronda heißt manchmal auch Morales

»Fangen Sie die Besichtigung an der Plaza de Santo Domingo an, und Sie werden sehen, wie die Macht der katholischen Könige über die Indios aussah«, hatte der Stadthistoriker von der Mitad del Mundo geraten, und er hatte Recht. Hier, an der südlichen Peripherie der Altstadt, auf der Plaza de Santo Domingo, hat sich die strenge Schlichtheit der spanischen Conquista-Architektur in all ihrer bedrohlichen Unnahbarkeit erhalten: Ein weites gepflastertes Rechteck, errichtet über zwei von Menschenkraft aufgefüllten Erdrissen, und die über zwei Platzfronten reichenden, bis auf eine große Freitreppe nahezu schmucklosen Fassaden des Klosters und der Kirche von Santo Domingo sollten bereits am Eingang der Stadt die Erhabenheit Gottes und die spanische Macht zeigen.

Santo Domingo: Marienstatue als Ikone und ein subversives Kreuz

Eine Marienstatue, angeblich bereits von Karl V. gestiftet, ist eine Ikone und Symbol dieser Botschaft; alljährlich am 7. Oktober wird sie, auf einem silbernen Thron sitzend, von der Kirche aus in einer

Prozession durch die ganze Altstadt geführt. Zugleich erinnert der Platz von Santo Domingo, so fest gefügt er noch heute erscheinen mag, auch schon die ersten Risse der spanischen Macht: Das alte Steinkreuz auf der Südseite des Platzes trägt die Inschrift »Unter dem Zeichen dieses Kreuzes seid frei, sucht die Freiheit und den Ruhm!« – ein meisterhaft subversives Motto, das eines Morgens des Jahres 1794 an vielen Kirchenkreuzen der Stadt angeschrieben war. Die spanischen Behörden haben es wohl verstanden und ihren Urheber, den bekannten Schriftsteller und Agitator Eugenio Espejo, ins Gefängnis und in den Tod geschickt. Doch das Ende der spanischen Macht war nicht mehr aufzuhalten. Mit dem armen Philosophen Espejo hatte sich die Klasse der Zukunft zu Wort gemeldet: die neuen bürgerlichen Mestizen.

Überall grüßt in die Altstadt der Blechengel des Panecillo

Neuer Reichtum wandelte um 1900 das Stadtbild

Alt-Quito ist Geschichte, sakrale Geschichte. Die Kirchenkunst, die großen Klöster mit ihren Kreuzgängen, die sakralen Museen von St. Franziskus und St. Augustin und natürlich die Jesuitenkirche La Compañia setzen so beherrschende Akzente, dass man übersieht, was die Calle Guayaquil jenseits der Kolonialzeit und der Kunst zu bieten hat – beispielsweise höchst lebendige Erinnerungen an das Quito um 1900.

Es war eine Zeit der Wunder, der Zufriedenheit: der Kakaoboom der Küste hatte die Stadt wohlhabend gemacht, die 30-jährige Amtszeit des liberalen Präsidenten Eloy Alfaro brachte Ruhe in wetterwendische Politik und erlaubte Reformen. Es wurden die Macht der Kirche eingedämmt und die bürgerlichen Institutionen gestärkt. Die Schulpflicht, die Gründung von Universitäten und der neue Reichtum schufen eine neue Öffentlichkeit, die begeistert alles übernahm, was anderswo so aufregend modern war.

Gebäude im besten Jugendstil entstanden, heute vom täglichen Smogbad etwas unansehnlich geworden; lohnend sind etwa die Ladenpassa-

Aus besseren Zeiten: die neoklassizistische Fassade der Zentralbank

Im Stadtteil La Mariscal: gastliches Jahrhundertwende-Haus

Außerhalb der stilistisch geschlossenen Altstadt entwickelte sich eine typisch amerikanische Großstadt nach dem Motto: »Erlaubt ist, was gerade modern ist.« Seither steht neoklassizistischer Prunk neben bescheidenen Bürgerhäusern, niedrige Bebauung neben Hochhäusern. Der Wirrwarr der Stadtarchitektur wurde gänzlich unübersichtlich, als man die großzügigen Innenhöfe der 1900er Stadtvillen aufteilte und zubaute.

gen der Calle Guayaquil zwischen Calle Sucre und der Calle Espejo. Theater und Opernhäuser waren schon vorher zum wichtigen Inventar einer ordentlichen lateinamerikanischen Stadt geworden.

Quitos Nationaltheater Sucre, ebenfalls in der Calle Guayaquil gelegen, war 1892 nach einem Brand wieder aufgebaut worden. Doch das Publikum verlangte nach Größerem: 1933 öffnete das Teatro Bolívar mit 2500 Sitzplätzen seine Tore mit der allerletzten Neuheit: einem Kinofilm. Damit wurde die Calle Espejo – mit ihrer noch heute sehenswerten Bebauung – endgültig zum Mittelpunkt der Gesellschaft Quitos, die etwas auf sich hielt und vor allem für etwas gehalten werden wollte. Es war eine Zeit, die ihre eigenen Helden hervorbrachte: den männermordenden Vamp mit der rauchigen Stimme à la Zarah Leander, den hungrigen Dichter, den Bohème-Maler, den existenzialistischen Philosophen.

An der südlichen Spitze des Parkes La Alameda erhebt sich das astronomische Observatorium

Familien und Paare vergnügen sich im Park La Alameda

Liebenswürdiger Nichtsnutz: der Chulla

Hinzu kam aber auch eine typisch ecuadorische Variante: der Chulla, eine zeitgemäße Mischung aus Hochstapler und potentem Straßenkater, dem Jorge Icaza ein berühmtes literarisches Denkmal setzte. Wenn der Chulla nicht gerade seinen Amouren nachstieg, war sein Lieblingsrevier die Calle Espejo oder die angrenzenden Straßenzüge, wo immer er sein jeweiliges Stammcafé hatte. Hier heckte er seine Strategien aus, lieh sich

Die früher am Rande der Kolonialstadt gelegenen Parks La Alameda und El Ejido blieben nach dem raschen Wachsen der Großstadt als einzige größere Parks im Stadtzentrum erhalten. Obwohl sie sich vornehmlich als abgenutzte Rasenflächen präsentieren, spielen sie für die kleinen Leute der Stadt eine wichtige Rolle: Hier trifft man sich mit Picknickkörben, umkreist von Joggern; Fußballspieler rivalisieren mit Komödianten, Verliebte suchen Ruhe vor den strengen Blicken der Eltern, und Familien vergnügen sich in Ruderbooten. Sicher gibt es schönere Grünflächen im Norden der Stadt, doch mit der Popularität der beiden Stadtparks können sie nicht mithalten.

»Maurisches« Schlösschen am Parque La Alameda

Drama oder Spaß im Parque La Alameda? Straßenschauspieler Carlos Michelena in Aktion

Schon Vorschule oder noch Kindergarten? Kinder in Uniform im Parque El Ejido

einen Anzug von einem Freund, Schuhe von einem anderen, ließ fremde Visitenkarten mitgehen und präsentierte sich damit auf Abendgesellschaften, zu denen er nicht eingeladen war.

Zu dem bösen Bild der ecuadorianischen Variante des Emporkömmlings gehört nicht zuletzt, dass er auf eine vertrackte Weise Rassist ist. Natürlich hat der Chulla, wie seine Freunde, indianische Vorfahren, und er verdreht nach jeder hübschen Cholita die Augen. Die Legende, die er um sich herum aufgebaut hat, will aber, dass er ein Grandseigneur altspanischer Abstammung ist, und um dies zu unterstreichen, wird er bei passender Gelegenheiten seine Freunde höchst abschätzig behandeln. Nicht, dass er bösartig oder undankbar wäre! Nein, die Zeiten sind schwer, und jeder muss sich nach der Decke strecken. Und nicht zuletzt lebte – und lebt – der Chulla in einer Zeit und Gesellschaft, in der Schein mehr zählt als Sein.

Hierzu gehört auch die bittere Anekdote über den »Krieg der Welten«, eine Radiosendung über eine Invasion von Marsmenschen in Ecuador. Als klar wurde, dass dies nur ein Spiel war, fühlten sich viele Quiteños so düpiert, dass sie das Gebäude der Radiostation zerstörten, wobei Menschen zu Tode kamen. So geschehen am 12. 2. 1949 in einer Nebenstraße der Calle Espejo.

Die richtige Atmosphäre um die Calle Espejo

Heute ist das bürgerliche Quito nach Norden gezogen. Man tummelt sich in den hypermodernen Einkaufszentren wie dem El Jardín an der Avenida Río Amazonas oder joggt im Parque El Ejido. Der Chulla blieb in seinem Viertel, auf den Bänken der Calle Espejo oder auf der Plaza de la Independencia, dem grandiosen Mittelpunkt der Stadt. Den Zeitläuften entsprechend, ist er etwas schäbiger geworden, doch die Grandezza ist die gleiche geblieben, mit der er sich seine Schuhe putzen lässt und gleichzeitig von seinen Kumpanen Neuigkeiten sammelt. Quito ist seine Stadt, die Metropole unter dem hellen Himmel der Anden, voll von Straßen und Plätzen, von Wundern und Sorgen, von Touristen und Dollars. Sie kann jedem etwas bieten, warum nicht auch dem kleinen Schlawiner, der ebenso dazu gehört wie Millionäre und bettelnde Kinder?

REISE-INFO *QUITO*

Karte: Seite 112/113, Planquadrat D 4.

Anreise: Der internationale Flughafen Mariscal Sucre liegt im Norden der Stadt an der Verlängerung der größten Avenida, der Río Amazonas; direkt daneben der nationale Flughafen. Die Taxifahrt in die Stadt ist unkompliziert; es passiert allerdings, dass das Taxameter gerade »kaputt« ist. Alle Probleme kann vermeiden, wer noch in der Flughalle einen Gutschein einer Taxi-Kooperative kauft.
Mit Ausnahme weniger Luxuslinien, die einen eigenen Busbahnhof haben, fahren alle Überlandlinien vom zentralen Busbahnhof (Terminal Terrestre) Cumandá ab, der im Süden hinter der Altstadt gelegen ist. Er ist gut organisiert und übersichtlich, doch sollte man sein Gepäck im Auge behalten. Abends und nachts ist die ganze Zone unsicher; man sollte am Bahnhof selbst ein Taxi suchen.

Stadtverkehr: Fast immer empfiehlt es sich, eines der an ihrer gelben Farbe leicht zu erkennenden Taxis zu suchen. Sie sind preiswert und müssen mit einem Taxameter ausgestattet sein. Es gibt allerdings einen Mindestpreis (zur Zeit unter 1 $), der bezahlt werden muss, auch wenn das Taxameter weniger anzeigt.
An öffentlichen Bussen fehlt es nicht; die meisten sind spottbillig und unbequem; sie bedienen feste Routen, deren Verlauf nicht leicht zu ergründen ist. Eine Ausnahme ist der Selectivo, der die Ave. Río Amazonas entlangfährt und nicht mehr Passagiere aufnimmt, als Sitzplätze vorhanden sind. Der Trolé durchquert auf der Avenida 12 de Agosto und der Calle Guayaquil die ganze Stadt auf der Nord-Südachse. Wenn es eng wird, sind auch die Taschendiebe nicht weit!

Unterkunft: Hier sind Hotels teurer als in anderen Teilen des Landes, nach europäischen Maßstäben aber immer noch sehr preiswert. Es gibt zwei Viertel, in denen sich die Hotels massieren: die Kolonial- oder Altstadt (s. nebenstehender Stadtplan Quadrate A, B, C 4 und 5) und das Viertel um die Juan León Mera (Planquadrate E, F 2 und 3). In der Kolonialstadt halten Hotels und Pensionen nicht selten die schönsten Häuser besetzt. Trotz ihres Vorteils der fußläufigen Nähe zu vielen Sehenswürdigkeiten werden die Hotels immer mehr gemieden, denn die Altstadt gilt nach Einbruch der Dunkelheit als unsicher. Mit dem Taxi ließe sich das Problem lösen. Einige Namen: »Real Audiencia« (Bolívar 220 / Guayaquil, Tel. 9512711, E-Mail: realaudi@-hoy.net) mit schön möblierten Zimmern und einem imposanten Blick auf die Altstadt gehört in die Mittelklasse; desgleichen das »Catedral Internacional« (Meija 638, Tel. 515438): ein schönes Haus und ein hilfsbereiter Besitzer. Etwas teurer, aber ruhig und mit einem angenehmen Patio ausgestattet ist das »La Casona« (Manabi 255, Tel. 514764). – Vor allem für Aufenthalte zwischen Reisen in Ecuador empfiehlt sich das direkt am Busbahnhof gelegene neue »Hotel Cumandá« (Quijiano 449 / Cumandá, Tel. 516984).
Die meisten Hotels aller Preisklassen sind in dem Viertel um die Juan León Mera, zwischen den Avenidas Río Amazonas und 6 de Diciembre zu finden. Groß, luxuriös und mit allen erdenklichen Geschäften, Sportanlagen, Sauna und anderen Annehmlichkeiten ausgestattet ist das »Hilton Colón Internacional« (Amazonas / Patria, Tel. 560666, E-Mail: hcolon@hcolon.com.ec); vergleichbar, aber etwas preisgünstiger ist das »Alameda Real« (Roca 653 / Av. Amazonas, Tel. 562345, E-Mail: apartec@uiostanet.net). Das bekannteste unter den Mittelklasse-Hotels ist das »Café Cultura« (Robles / Reina Victoria, Tel. 224271, www.cafecultura.com): eine alte Villa mit Garten, originell gestalteten Räumen und einem stadtbekannt guten Frühstück. Preiswerter ist das um die Ecke gelegene »Alston Inn« (Juan León Mera 741 / Ventimiglia, Tel. 29955), das einfachere Zimmer, aber guten Service und gute Laune bietet. Nicht teuer ist auch das »Hostal Rapa Nui« (6 de Diciembre / Pasaje el Jardin 119, Tel. 241578, E-Mail: hostalrapanui@-hotmail.com). – Es gibt mehrere Jugendherbergen, z.B. La Mitad del Mundo, zwischen Reina Victoria und J. L. Mera gelegen, Tel. 543955. In allen Hotels Quitos kann man sein Gepäck bei Ausflügen in die Provinz hinterlegen. Die morgendlichen und abendlichen Temperaturen in Quito lassen es angeraten sein, sich nach einer warmen Dusche zu erkundigen.

Essen und Speisen: Die Av. Amazonas und die angrenzenden Viertel sind voll von Restaurants, doch sollte man sich keine großen Überraschungen erwarten. Als beste Restaurants gelten die der großen Hotels; die kreolische Küche lernt man im »El Criollo« (Flores 825) in der Altstadt kennen oder aber, wenn es etwas vornehmer sein soll, in dem» La Choza« (Av. 12 de Octubre). Ecuadorianer schätzen »ländliche« Restaurants mit entsprechendem Dekor und großen Fleischportionen, etwa das »Rincon del Gaucho« (Almagro / Garcia).
In der Calle Juan León Mera gibt es Gaststätten aller Kategorien: Frühstückskneipen, Imbissstuben, Fast-Food-Ketten sowie Pizzarias und in den Seitenstraßen Chifas, die bei Ecuadorianern wegen ihrer Preise und Essensqualität sehr beliebten chinesischen Restaurants. Für einen Imbiss geht man in das vor dem Hotel Alston gelegene »Superpapa« oder in einen zwei Häuser weiter zu findenden spanischen Laden, der für seine köstlichen Sandwiches und Espressos bekannt ist. Ein nicht mehr geheimer Tipp: »La Casa de Mi Abuela« (J. L. Mera / Pinta) ist ein kleines, auf vorzügliche Fleischgerichte spezialisiertes Restaurant.

Nachtleben: Quito geht im Allgemeinen früh schlafen, und so sind die vielen kleinen Cocktailbars in der Juan León Mera meist früh verlassen. Mehr Gesellschaft findet man in den Bars der großen Hotels. Will man etwas anderes erleben, so bieten sich einige Diskotheken (z. B. die »Salsoteka Cali«, Almagro / Orellana) oder Peña-Bars an, in denen meist erst gegen Mitternacht

Die Gilde der Geldwechsler ist mit der Währungsumstellung kleiner geworden

Chanson- und Folkloresänger auftreten; die bekannteste ist die »Ñucanchi-Peña« (Universitaria 496).

Sehenswürdigkeiten: Die ganze koloniale Stadt ist eine Sehenswürdigkeit, die man kaum in einem Tag erkunden kann. Die wichtigsten sind die Plaza de Independencia (s. Karte unten, Planquadrat B 5) mit der Kathedrale (ab 1535), das Kloster San Francisco (ab 1535) und der gleichnamige Platz (B 5), die reichlich mit Gold geschmückte Jesuitenkirche (B 5), genannt La Compañia (ab 1605), das Kloster San Agustín (ab 1605) (C 5) und die Plaza Santo Domingo (B 5). Den größten Eindruck macht allerdings das Ensemble der Altstadt mit seinen gepflasterten Gassen (z. B. die La Ronda genannte Straße, die von der Plaza Santo Domingo ausgeht), mit seinen Bögen und anderen baulichen Details, mit sei-

Überall und nicht zu übersehen: Internet-Cafés

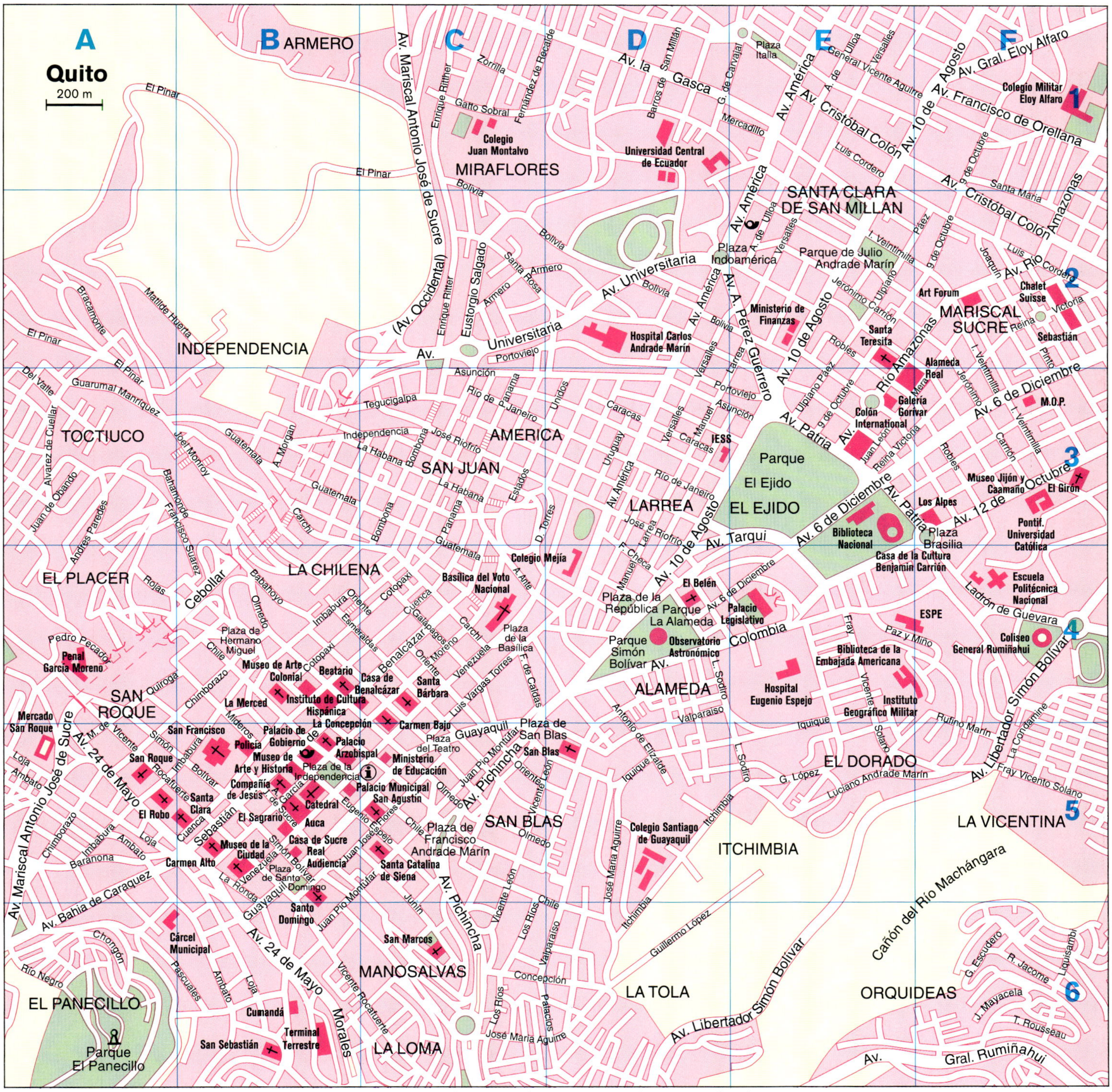

Nur die Altstadt zeigt das strenge rechteckige Gitternetz, das die spanischen Konquistadoren vorschrieben

nen Wohnbauten aus der Kolonialzeit (z. B. das des Mariscal Sucre in der gleichnamigen Straße) und den Jugendstilbauten. Ein in Zusammenarbeit mit der Unesco herausgegebener Plan mit verschiedenen Besichtigungsrouten (auf Spanisch) erleichtert die Orientierung (bei den Infobüros der Cetur erhältlich).

Im Museo de Guayasamin: »Mutter und Kind« des bekanntesten bildenden Künstlers von Ecuador

Museen: Quito ist vor allem eine Stadt der Kirchenkunst. Hervorragend sind die Museen von San Francisco (Stadtplan vorige Seite, Planquadrat B 5) (Ecke Rocafuerte / García Moreno, werktags 9–18, sonntags 9–12 Uhr) und San Agustín (C 5) (im zweiten Stock des Klosters, Guyaquil / Chile, Mo–Fr 9–12, Sa 9–12 Uhr). Letzteres zeigt auch einige namhafte Werke der berühmten Malschule von Quito aus dem 16. Jh. Weitere religiöse Werke aus dem frühen 17. Jh. findet man im Museo Fray Bédon (B 5) im Dominikanerkloster (Plaza de Santo Domingo, Mo–Fr 8.30–16.30 Uhr); im Museo Guillermo Perez Chiriboga (Neustadt, 10 de Agosto / Briceno, Di–Fr 9–17, Sa, So 10–15 Uhr); im Museo de Arte Colonial (B 4), das auch ältere Bebauungs- und Stadtpläne aufbewahrt (Cuenca / Chile, Di–Fr 10–18, Sa 10–14 Uhr).
Wer sich allgemein für die Entwicklung der Stadt Quito interessiert, sollte nicht das Stadtmuseum (B 5; Museo de la Ciudad) versäumen, das sich in einem Haus aus dem 16. Jh. befindet und sehr modern und ansprechend die Geschichte der Stadt vorstellt (Vicente Rocafuerte / Venezuela; Di–So 10–18 Uhr; man beachte den Blick auf den Panecillo vom Innenhof aus!).
Einige namhafte Bürgerhäuser wurden in Museen umgewandelt: das Wohnhaus des Unabhängigkeitshelden Sucre (Casa de Sucre), das zu einem Militärmuseum (B 5) der Zeit umgestaltet worden ist (Sucre / Venezuela, Di–Sa 8.30–16.30 Uhr; im Erdgeschoss werden die detaillierten Militär-Karten verkauft!). Das Alltagsleben der Aristokratie von Quito zeigt Casa Museo María Augusta Urrutia (B 5; Sucre / Bolívar, Di–Sa 9–17 Uhr).
Neuere ecuadorianische Kunst findet man in der Casa de la Cultura (E 3; Museo Nacional del Banco Central, 12 de Octubre / Patria, Di–Sa 9.30–17 Uhr); in dem Museo de Camilo Egas (C 4; Venezuela / Esmeraldas, Di–Fr 10–13, 15–17 Uhr). Auf keinen Fall sollte man das Museo Guayasamin (außerhalb F 3) in dem obersten Stockwerk eines Hochhauses (Bosmediano 543) versäumen, das Werke des bedeutendsten ecuadorianischen Malers gleichen Namens, aber auch historische Kunstwerke und Goldarbeiten ausstellt (Mo–Fr 9.30–12.30, 15–18.30 Uhr). Präkolumbisches und indianisches Kunsthandwerk (Gold!) wird ebenfalls in der Casa de la Cultura ausgestellt. Einen Besuch lohnt die archäologische Privatsammlung Museo Jijón y Caamaño (F 3; 12 de Octubre / Patria, in der katholischen Universität, Mo–Fr 9–16 Uhr).

Einkehrmöglichkeiten gibt es an jeder Straßenecke – hier das Café Sutra in der Calle Calama

Ausflüge: Beliebt sind Ausflüge zum Äquatordenkmal (La Mitad del Mundo), zu dem stündlich mehrmals Busse vom Ipiales-Markt im Westen der Stadt fahren. Von dort erreicht man, am leichtesten mit einer an Ort und Stelle zu buchenden organisierten Tour, eine nur wenige Kilometer entfernte Stelle, von der man einen Blick auf den Einsturzkrater von Pululahua, einen fast geschlossenen Talkessel, werfen kann.
Auf der nördlichen Panamericana lohnt sich, kurz nachdem man Quito verlassen hat, ein Abstecher zu dem Städtchen Calderón, das für seine bemalten Figürchen aus Salzteig (Masapán) bekannt ist. Etwas mehr Zeit braucht man für eine Rundfahrt zu dem schön gelegenen Wallfahrtsort El Quinche mit seinen interessanten Votivtafeln. Wer an kolonialer Malerei interessiert ist, sollte das am östlichen Stadtrand von Quito gelegene Kloster Guápulo, einem Schwerpunkt der »Schule von Quito«, besuchen.

Informationen: Cetur ist in Quito drei Mal vertreten: am Flughafen, in der Altstadt (B, C 5; Venezuela / Chile) und in der Neustadt (F 1; Eloy Alfaro 1214); Öffnungszeiten jeweils 8.30–17.30 Uhr.

Skulpturen Guayasamins im Garten des ihm gewidmeten Museums

Passt der Panamahut? Touristen ernähren Flechter und Straßenhändler

Die schwermütige Musik der Anden, der Hintergrund besonnter Berge, die nächtlich von Gaslichtern erhellten Gassen, die ungezählten Begegnungen mit freundlichen Menschen machen Quito zu einer unverwechselbaren Stadt. Quito ist nicht mehr ganz das Paradies, das es einmal war, doch es bleibt eine Stadt, in die man gerne zurückkehrt.

Andenmusik wird in allen Bars und Restaurants geboten

Im Autoferro vom größten Markt hinab an die Küste

Gr. Foto: Auf Otavalos Viehmarkt. Kl. Foto: Von San Pablo del Lago geht der Bus nach Otavalo.

Tausende von Touristen lockt der Markt von Otavalo jede Woche an. Hier kauft man die textilen Souvenirs wie Ponchos und Taschen, genießt das Ambiente eines relativ wohlhabendes Städtchens, atmet Hochland-Luft – und reist weiter, etwa an den »Blutsee«. Ibarra schließlich ist Endstation des Autoferro, eine Art Schienenbus, der hinunter an die Küste fährt. Aber wie! Touristen genießen das Abenteuer, das tatsächlich manchmal eines ist.

Otavalo ist nicht nur ein Tagesausflug: Wer sich schon freitags auf den Weg macht, bekommt als Zugabe eine Kostprobe von der Vielfalt der Landschaften nördlich von Quito: Erst das fruchtbare Tal von Guayllabamba mit seinen Restaurantes Típicos, in denen der Liebhaber von Kuttelsuppe auf seine Kosten kommt, dann folgen nackte Bergrücken und trockene Flusstäler, durch die sich die Straße nach oben quält. Hat man den Cayambe, einen imposanten Fast-Sechstausender, bei San Pedro im Rücken und den Gebirgs-»Knoten« von Mojanda überwunden, schaut man über ein ausgedehntes und dicht bevölkertes Tal.

Der erste Blickfang ist die je nach Tageslicht blaue oder in der Sonne gleißende Lagune San Pablo, die man zu Fuß oder mit dem Auto ganz umrunden kann. Auf der Seite, die der Panamericana zugewandt ist, wird in kleinen Buchten gefischt und Schilf geschnitten. Auf der anderen Seite, nahe der Stadt San Pablo, gibt es Badestrände, Bootsverleih und Ferienanlagen mit großen Seefronten, die wochenends bevölkert sind von lärmigen Großfamilien aus Quito. Otavalo schließt sich fast direkt an.

Während der Woche ist es mit seinen sich rechtwinklig kreuzenden Straßen ein typisches ecuadorianisches Städtchen. Allerdings, das sieht man schnell, ist es wohlhabender als andere, aber ansonsten unauffällig. Schon am Freitagabend ändert sich das Bild. Wie überall auf der Welt machen erst die Gäste das Fest: Die sonst leeren Hotels und die Straßen des Städtchens füllen sich; Menschen aus aller Herren Länder, die sich in den Kirchen und Museen Quitos über den Weg gelaufen waren, treffen sich nun wieder und füllen als laute Gruppen die Restaurants und Bars. Wenn die Letzten von ihnen gegen Morgen ins Hotel wandern, treffen sie auf Herden von Kühen, Ziegen und Schweinen, die in die Stadt getrieben werden, denn Otavalo ist auch der größte Tier- und Gemüsemarkt der Region. Doch das ist nur Vorspiel und Nebenschauplatz zum großen Textilmarkt.

Markttag: Vor den Touristen kommen die Schafe

Otavalo: Der Indianerkopf erinnert an den Kampf gegen die Inkas

Zehn identische Shigra-Taschen, Dutzende gleicher Ponchos auf einem Stapel: Handarbeit oder industrielle Massenproduktion? Man sollte sich nicht irritieren lassen: Auch der mechanische Webstuhl gehört zur einheimischen Tradition; alte wie auch erfolgreiche Formen und Motive werden immer wieder kopiert. Wichtiger sind die Dichte des Stoffes und das Material, das man mit einem Feuerzeug prüfen kann: Wolle brennt, Kunststoff schmilzt.

Ungewohnt: das Lama als Haustier und Handelsware

Locker und professionell: Der Viehmarkt hat sein eigenes Publikum

Ländlicher Charme: kleine Otavalo-Indianerin

In dicken Packen bringen die Weber der Region ihre Erzeugnisse auf den Textilmarkt von Otavalo

Morgens, wenn die Gäste noch schlafen, haben die Otavaleños schon ihre Stände aufgebaut. Auf dem Hauptplatz, heute Plaza de Ponchos genannt, stehen feste Betonaufbauten, die unter der Woche einem merkwürdigen Wald von galgenähnlichen Gebilden ähneln. Noch in der Nacht verwandeln sie sich in Marktstände und bilden nun ein Gewirr von Gassen, die bis über die Köpfe der Käufer übermannshoch mit Webwaren behängt sind: Ponchos und andere Teile der Otavaleño-Tracht wie Gürtel, Blusen oder Kopftücher, aber auch Wandteppiche, Reisetaschen, Beutel, Pullover – kurzum, alles was sich das Publikum wünscht, denn die Otavaleños sind zu gewieften Geschäftsleuten geworden.

Tiere und Textilien – der Markt als Volksfest

Am Samstagmorgen um 10 Uhr rollen die Busse mit Touristen und Neugierigen aus Quito ein, und der Markt wird zum drängeligen Volksfest. Auch die Taschendiebe aus der ganzen Region sind schon da und spähen nach zu locker getragenen Handtaschen und auffällig ausgebeulten Jackentaschen; die über den ganzen Markt verteilten Lautsprecher rufen entsprechende Warnungen in Spanisch und Englisch aus.

Das Verkaufsgeschäft blüht: Wenn man sich fußmüde eine halbe Stunde neben einen Stand setzt, wird man erstaunt sein, wie viele Taschen und Ponchos ein naiv aussehendes Großmütterchen in dieser Zeit verkauft. In den frühen Nachmittagsstunden ebbt das Treiben ab: Die Motoren der Busse werden angelassen und blasen schwarze Rauchwolken in die Luft; lautes Hupen ruft die Mitfahrer zusammen. Gegen Abend sind Platz und Stadt wieder aufgeräumt und gefegt.

Man mag über den Textilmarkt von Otavalo die Nase rümpfen: Touristenrummel, Kommerzialisierung und Verkitschung traditionellen Kunsthandwerks, Ausbeutung der kleinen Weber durch die großen Händler sind viel gehörte Stichworte. Man kann sich aber auch darüber freuen, dass es hier, in einer

Hostería Cusín: Die feudale Pracht der alten Haciendas zeigt sich an den großzügigen Innenhöfen ...

... und an dem reichen Interieur des Speisesaals

Region, in der die Indígenas fast immer die Rolle des geduckten Lastesels annehmen müssen, einem Volk gelungen ist, in die moderne Zeit einzutreten, ohne seine Eigenart aufzugeben. Auch außerhalb des Marktes und überall im Lande trifft man Otavaleño-Frauen, zierlich und adrett in ihren gerüschten und durchbrochenen Blusen, der schwarzen Toga und dem gefalteten Kopftuch über dem langen schwarzen Zopf.

Otavaleño-Frauen tragen die Webwaren in alle Welt

Bereits im Flughafen sieht man sie regelmäßig, wenn sie in der Warteschlange stehen und ihre schweren Bündel mit Textilien in die Welt hinaustragen: Die Otavaleños haben ihre Stützpunkte überall; Zusammenhalt und Tradition sind da Trumpfkarten, wo Konkurrenz und Effekthascherei das Geschäft bestimmen. Sie stehen ohne Scheu zwischen den Touristen aus aller Welt, sprechen ungeniert ihr heimisches Quechua, während zu Hause, in den Dörfern um Otavalo, die Webstühle klappern. Die schaffen einen Wohlstand, den man der ganzen Region ansieht – eine indianische Erfolgsgeschichte, die man so manchem der unterworfenen Völker Südamerikas wünschen möchte.

Im 16. Jahrhundert hatten die Indianer des Otavalo-Tales, um ihre Tribute an die spanische Krone zu bezahlen, die Webstühle und -techniken der Eroberer übernommen. Im Laufe der Jahrhunderte haben sie die Techniken weiter entwickelt und ihrem eigenen Schönheitssinn unterworfen.

Eine Rundfahrt zu den vielen Lagunen der Gegend bietet sich an, die über den nahen See von San Pablo hinausgeht. Die Landschaft lässt in ihrer Vielfalt auch weiterhin keine Wünsche offen. Die Lagunen von Mojanda, in dem Gebirgsriegel hoch über Otavalo gelegen, sind schon ein größerer Ausflug, der über die Baumgrenze hinausführt in die Einsamkeit von drei kalten und klaren Kraterseen. Im Nordosten gelangt man über das Städtchen Quiroga zur Lagune von Cuicocha, einem kalten, blauen See mit zwei grünen Inseln. Er soll bis zu 200 Meter tief sein; ein Hauch von Schwefelgeruch umgibt ihn, kleine Bläschen zeigen Reste vulkanischer Tätigkeit an.

Anlage und Bauten der Hostería Chorlavi lassen die alte Hacienda erkennen

Autorennen um den historischen »Blutsee«

Die beliebteste Laguna liegt allerdings schon hinter der nächsten Stadt, Ibarra: der »Blutsee« (Laguna Yahuarcocha), an dem die Cara-Indianer, die Vorfahren der Otavaleños, ihre letzte Schlacht gegen die Inka-Heere verloren. Doch die blutige Erinnerung löst sich in einer heiteren Landschaft zwischen Himmel, Bergen und Motorenlärm auf: Um den See wurde eine Autorennbahn gelegt, auf der man, nach Entrichtung einer Gebühr, seinen Motor heulen lassen kann. Dessen ungeachtet haben sich an der »Außenkurve« Dutzende von Hütten und Ständen eingerichtet: Sonntäglich-ecuadorianisches Familienglück hat sich hier installiert. Man spült frisch gefangene und in Öl frittierte Seebarsche und Forellen mit viel Bier herunter – versteht sich, dass die Heimfahrt auf der Rennbahn noch lustiger wird.

Auch Ibarra selbst, nur wenige Kilometer von Otavalo entfernt, sollte man nicht übersehen. Eine Stadt, die auf sich hält und »zu der man immer wieder zurückkehrt«, wie ihr selbstbewusstes Motto verkündet. An Ferien- und Feiertagen schwärmen hier die Besucher aus dem nahen Kolumbien ein und belegen jedes Hotel bis auf den letzten Platz, nicht so sehr wegen der schönen alten Viertel, in denen jedes Haus noch über der Tür eine Laterne trägt, sondern weil man hier zu Preisen schlemmt und einkauft, die man in dem Nachbarland nirgendwo findet.

Die Ibarrenser selbst begnügen sich dann mit ihrem traditionellen Freizeitspaß: Fischessen am Blutsee oder ein Ausflug zum Aussichtspunkt Yuracruz mit seinem Rundblick auf Stadt und See. Dort werden die Picknicks ausgebreitet, Pärchen schmusen nach Herzenslust, während die Kinder ihre Drachen im Abendwind flattern lassen.

Direkt hinter Ibarra klettert die Panameri-

San Antonio lebt von Skulpturen aus Gips, Stein und geschnitztem Holz

Die Plaza von San Antonio, einem Vorort von Ibarra

Viele der alten Haciendas bieten heute ihren handverlesenen und wohlhabenden Gästen einen Tourismus besonderer Art: traditionelle Gastlichkeit in alten Herrenhäusern und, abseits der großen Straßen, viel Natur und Ruhe, aber auch sportliche Aktivitäten in modernen Swimmingpools und zu Pferde.

cana auf den nächsten Gebirgs-»Knoten« und wieder hinunter ins Tal, das Chota heißt und eine ganz andere, schwer zu entziffernde Geschichte hat.

Karibische Zuckerrohr-Atmosphäre im Tal von Chota

Chota, das bedeutet Zuckerrohr, Plantagen, Sklaverei. Von Gebirgszügen abgeschlossen, von Flüssen und Bächen gut bewässert, hat sich ein karibisch anmutendes Ambiente etabliert. Es waren die Jesuiten, so heißt es, die als erste die Erfahrungen anderer amerikanischer Länder aufgriffen, Zuckermühlen bauten und afrikanische Sklaven in das Tal brachten. 1852 schaffte Ecuador die Sklaverei ab, etwas Land wurde verteilt, doch für die Schwarzen von Chota gab es wenig Alternativen; die meisten dienten als ärmliche Landarbeiter weiter ihren Herren. Die Jahre kamen und gingen, die Panamericana schlug eine Schneise durch das Chota-Tal, doch für seine Bewohner änderte sich nicht viel, denn bis heute gibt es nur die alten Plantagenwege, die sie mit der Welt verbinden. Eine kleines erdgraues Städtchen entstand am Rande der Straße, Fluchtpunkt und Zwischenstation für die Jungen, die nach Quito und noch weiter in die Welt auswanderten.

Doch die meisten Chota-Leute blieben dort, wo sie schon immer waren – zwischen einem traurigen Gestern und einem unerreichbaren Morgen: Lehmhäuser ohne Wasser und Strom, ein kleiner Garten zur Selbstversorgung, Kartenspielen und Alkohol, während um sie herum alles wächst, was eine tropische Natur und gutes Land hervorbringen: Papayas, Bananen, Bohnen, Gemüse, Blumen und Rhododendron und, noch immer, Zuckerrohr. Aber es hat ihnen nie gehört, das fruchtbare Land.

Sie sind eine Minorität, ein Sonderfall im Andenland. Nur einige Kilometer weiter stehen am Rande der Panamericana feudale Restaurants, die von dem

Überragt vom Vulkan Imbabura: Laguna San Pablo

Kinder in der Stadt San Pablo (unten)

seltsamen Klima profitieren. Hier speist die Oberschicht aus Quito und Kolumbien und döst dann in Liegestühlen am Swimmingpool, während die Kinder im Wasser plantschen. Hier haben nicht einmal die Kellner schwarze Gesichter.

Fährt der Autoferro heute nach San Lorenzo?

Ein noch grauer Morgen in Ibarra. Vor den sich kreuzenden Gleisen wartet eine stumme, in ihre Kälte verkrochene Menge; andere, wendiger und lauter, drängen in den einer langen Lagerhalle gleichenden Bahnhof: Fährt der Zug nach San Lorenzo, fährt er nicht? Verkäufer von heißen Maiskolben, Empanadas und einer dunklen Flüssigkeit, die wie Kaffee aussieht, sind ein gutes Omen. Würden sie, die die Stadt und die geheimen Gesetzmäßigkeiten der ecuadorianischen Eisenbahn kennen, schon da sein, wenn kein Zug fährt? Und tatsächlich, aus dem Nirgendwo der Bahnhofsanlage rollen langsam zwei merkwürdige Gefährte heran, halb Bus, halb Zug: der Autoferro. Schlagartig wird es lebendig, und der schon legendäre Kampf um Sitzplätze beginnt: siegreich meist die, deren schwarze Hautfarbe sie als die recht- und regelmäßigen Klienten dieser besonderen Zuglinie ausweist und die auch Freunde oder Verwandte haben, die sich um das Verladen des Gepäcks kümmern; Verlierer sind die Gringos, die entweder stehen oder ihrem Gepäck auf dem Dach Gesellschaft leisten müssen.

Pfeifend und wie ein überladener Heuwagen schwankend, setzt sich das zwitterartige Ungetüm in Bewegung. Mit seiner zersplitterten Windschutzscheibe und ramponierten Karosserie gleicht es eher einem Stück Industriearchäologie als einer Eisenbahn, die erst 1956 eingeweiht wurde und immerhin 20 Jahre eine wichtige politische Funktion ausübte: die Verbindung zwischen dem Hochland und dem nördlichen Teil der Küstenprovinz Esmeraldas. Das an Holz reiche Land, das zugleich zwischen mächtigen Flüssen, Regenwald und einem schroffen Andenabhang gefangen ist, hatte früher kaum Verbindung zum Rest Ecuadors.

Salinas rumpelt vorbei: einige Häuser, Kühe, Hunde, die den Autoferro in sinnloser Raserei verfolgen. Es geht durch die

Die Kraterseen von Mojanda: steinerne Gipfel und geheimnisvolle Wassertiefen

Am Vulkan Cotacachi: Speisen mit Aussicht

Nicht nur Vulkane, sondern auch Seen machen die landschaftliche Attraktion der Region Otavalo und Ibarra aus. Ihre Vielfalt ergibt sich aus ihrer Einbettung in unterschiedliche Landschaften: Die fischreichen Lagunen von San Pablo und Yahuarcocha liegen in belebten Talbecken, die Kraterseen von Mojanda oder Cuicocha hoch im Gebirge in einer majestätisch einsamen Bergwelt.

Die Kirche an der Plaza von San Pablo del Lago

Der Dichter Pedro Moncayo thront über »seiner« Stadt Ibarra

Ausläufer des Chotatals, doch die Schwarzen im Waggon haben mit denen auf den Zuckerrohrfeldern wenig zu tun: Sklaverei und Plantagenwirtschaft kommen in ihrer Geschichte nicht vor. Ihr Ursprungsmythos geht zurück auf das Jahr 1553, als ein für Peru bestimmtes Sklavenschiff an der Küste strandete und sich siebzehn Männer und sechs Frauen an Land retteten. Der Regenwald, der bis heute Esmeraldas bedeckt, nahm sie auf. Sie lebten an den Flüssen, fischten, bauten sich wie in der alten Heimat Pirogen, mit denen sie bis nach Kolumbien fuhren und gefürchtete Schmuggler wurden.

Amüsante Geschichten über Entgleisungen an steilen Berghängen

Abgeschottet vom Rest Ecuadors, schufen sie eine eigene Regionalkultur, die weniger isoliert war als die ihrer Brüder von Chota. Afrika vermischte sich mit spanischer Volkskultur, und so überlebte die klassische Verskunst der Décimas ebenso wie die afrikanischen Rhythmen der Marimba-Musik. Diese macht nun Stimmung im Autoferro, aber auch der merkliche Anstieg der Temperaturen trägt dazu bei.

Der »Zug« ist auf dem waghalsigsten Stück angekommen: Er klettert die steilen Abhänge des Mira-Tals nach unten, schlingert an Abgründen entlang und verschwindet in schwarzen Tunnelhöhlen. Im Wagen kursieren jetzt höchst amüsante Geschichten über Entgleisungen an Berghängen und die Abenteuer der Fahrgäste, die ihn mit vereinten Kräften wieder aufs Gleis setzten.

Zum Glück passiert das diesmal nicht, zum Unglück gibt es Schlimmeres: Ein Erdsturz hat einen Teil des Gleisfundaments weggerissen. Nachdem alle Passagiere ausgestiegen sind, kriecht der Autoferro ängstlich über die Schadstelle und wartet auf der anderen Seite auf sein Volk, das auf Gleisen über den Abgrund hinüberklettert – so mancher auf allen Vieren. Der Autoferro ist kein moderner Zug; trotz seiner 20 Tunnel und trotz der beim Bau der Strecke eingesetzten modernsten Mittel fährt das Abenteuer immer mit.

In Lita, wo eine bedenkliche, aber durch ein Kapellchen geschützte Brücke über den Fluss führt, ist die Hälfte der Strecke erreicht; hier ist auch eine Ausweichstelle, an der die Züge früher, als sie noch täglich in beide Richtungen fuhren, aufeinander warten mussten. Die Gewohnheit ist geblieben und ebenso das Bahnhofsrestaurant, in dem man nun Pause macht, ein Stündchen oder mehr, bis der Fahrer die Weiterfahrt mit Handzeichen ankündigt.

Je näher die Küste, desto mehr Menschen

Das Küstentiefland rückt näher, der Mira verabschiedet sich, um nach Kolumbien weiterzufließen. Hier hat der Autoferro seine neue und alte Aufgabe zurückbe-

Immer grünere Täler auf dem Weg des Autoferro zur Pazifikküste

1956 fertig gestellt, war der Autoferro das kostspieligste und technisch aufwendigste Glanzstück des ecuadorianischen Eisenbahnnetzes. Durch die allgegenwärtigen Straßen mit ihren Autobussen hat er viele seiner Kunden eingebüßt. Der Autoferro ist keine verkehrstechnische Notwendigkeit mehr, aber seine Strecke ist eine der landschaftlich schönsten und buchstäblich atemraubenden Lateinamerikas.

Die Gleise des Autoferro sind auch Wanderweg oder Sitzgelegenheit

kommen: Seine Trasse liegt nun abseits der Straße, die ihn seit 1997 eigentlich überflüssig macht. Quietschend geht es durch Plantagen und Dörfer; bei jedem Halt wandern Säcke, Ballen, Hühner und gefesselte Ziegen auf das Dach. Menschen drängen in den Wagen herein und heraus, küssen und grüßen sich, alles findet seine Ordnung, und weiter geht es. Hindernisse sind nun nicht unterspülte Gleise, sondern Menschen, die darauf sitzen und warten, oder Kühe, die verscheucht werden müssen.

Kolumbien rückt immer näher heran und ist, als der Autoferro nächtlich die trüben Lichter von San Lorenzo erreicht, nur noch wenige Kilometer entfernt. Die Gruppe derer, die in den vergangenen zehn Stunden schon so etwas wie Freunde geworden sind, löst sich auf; die wenigsten bleiben mehr als eine Nacht in San Lorenzo. Etwas zu essen und ein Bett finden sich immer, auch wenn der schwüle und mückengeplagte Ort wie ein böser Traum von Alvaro Mutis oder García Marquez aussieht. Morgens trifft man sich an den Landungsstegen wieder, um sich auf einem Boot oder einer Piroge nach La Tola, nach Borbón oder wohin auch immer einzuschiffen. Die Esmeraldeños sind ein Volk des Wassers, freie, selbstbewusste und weltoffene Menschen der Flüsse, für die jeder Fremder zunächst ein Gast ist und kein Herr, dem man Unterwerfung und Arbeit schuldet.

Autoferro: ungesicherte Brücken, Tunnels oder Abhänge ...

... stören keinen Mitfahrer (unten)

Ibarra

Karte: Seite 112/113, Planquadrat C 4.

Anreise: Stündlich Busse von Quito (Terminal Terrestre). Busse, die die kolumbische Grenze ansteuern, halten in Otavalo, Ibarra und dem Ort Chota.

Unterkunft: Als bestes Haus empfiehlt sich das »Chorlavi« südlich der Stadt, ein mit allem Komfort ausgestattetes historisches Gebäude (Tel. 932222); preiswerter ist das »Imbabura« (Oviedo 9-33) mit einem hübschen Patio; zahlreiche weitere kleinere Hotels und Pensionen.

Essen: Großer Treffpunkt ist »Mr. Peter's« (Oviedo / Bolívar); versuchen sollte man aber auch die Pizzeria »El Horno« (Rocafuerte / Flores), eine der besten Ecuadors; bekannt ist das »El Dorado« (Oviedo / Sucre) für seine Fischgerichte.

Abends: An Bars und Diskotheken fehlt es nicht, doch am Wochenende lohnt die kurze Fahrt nach Otavalo, wo eindeutig mehr »los« ist.

Ausflüge: Im **Chota-Tal** (auf der Panamericana zu erreichen) pflegen die Nachkommen afrikanischer Sklaven ihre afro-indianische Kultur – zu sehen etwa im Honka Monka Museum. Die **Laguna Yahuarcocha** (»Blutsee«) ist auf der anderen Seite von Ibarra zu finden, nur einige Schritte abseits der Panamericana. **San Antonio de Ibarra** liegt kurz vor der Stadt, wenn man von Otavalo kommt. Das Zentrum der Holzschnitzkunst hat einige Galerien und Läden, in denen man mehr oder weniger kunstvolle Schnitzarbeiten kaufen kann.

Information: Cetur: Olmedo 956 / Velsco, Tel. 958547. Hier erhält man einigermaßen verläßliche Informationen zum Fahrplan des Autoferro.

Otavalo

Karte: Seite 112/113, Planquadrat C 4.

Anreise: Besonders an Markttagen fahren Busse in sehr kurzen Abständen vom Terminal Terrestre in Quito ab.

Unterkunft: Das Hotelwesen ist im Verhältnis zur Größe des Ortes überdimensioniert, doch kommt es am Freitag und

REISE-INFO NÖRDLICHE ANDEN

Samstag zu Engpässen, die eine Reservierung empfehlenswert machen. Bestes Hotel am Platze ist das amerikanisch geführte (teure) »Ali Shungu« (Quito / Miguel Egas, Tel. 920750) mit großem Garten und schönem vegetarischen Restaurant; das ordentliche »El Indio« (Sucre 12–14, Tel. 920060) liegt direkt an der Plaza de Ponchos; die »Hacienda Pinsaqui«, 5 km nördl. der Stadt, ist eine Sehenswürdigkeit und ein historischer Ort, an dem schon Simón Bolívar geschlafen hatte (Tel. 920387 oder Reservierung über das »Café Cultura« in Quito). Rund 10 km südöstl. der Stadt die »Hosteria Cusín« (Tel. 918013 E-Mail: hacienda@cusin.com.ec) ebenfalls einst eine Hacienda, gute Küche; dazu gehört das alte gleichnamige Kloster. Für kleinere Geldbeutel: »Hotel Otavalo« (Roca 504, Tel. 920416), das »Valle del Amanecer« (Roca / Quiroga, Tel. 920990) und, sehr preiswert, das »Residencial Santa Fé« (Colón / Sucre, Tel. 920161).

Essen: »S.I.S.A.« (Abdon Calderón 409) bietet auf mehreren Etagen eine Cafeteria, ein Restaurant, eine Buchhandlung und einen Kunstgewerbeladen; dazu Filmvorführungen, Live-Musik und immer ein stimmungsgeladenes Haus. Ruhiger ist das »Quino« (Roca / Montalvo), in dem Fischgerichte angeboten werden.

Abends: Typisch sind Peñas mit ihrer Mischung aus Folklorebar und Disko; am bekanntesten sind die Peñas »Amauta«, »Tucano« und »Tuparina«.

Museum: Instituto Otavaleño de Antropología, an der Mündung der Calle Bolívar in die Panamericana, mit einer Dokumentation über die Kultur der Otavalo-Indianer und einer darauf spezialisierten kleinen Buchhandlung (Di–Fr 8 bis 12, 14–18 Uhr, Sa nur vormittags).

Goldglasperlen und Hut zum Markt in Otavalo

Ausflüge: Die Weber in den umliegenden Dörfern bei der Arbeit zu sehen, bekommt man durch eine geführte Tour; es empfiehlt sich Zulay Tours, Sucre / Colón, Tel. 921176. Die **Laguna de San Pablo** lädt zu einer Umrundung ein, die allerdings zu Fuß nicht mehr ganz sicher sein soll; es gibt mehrere große Freizeitanlagen mit Zimmern, Restaurants, Bootverleih, Sportanlagen. Die **Laguna Cuicocha** erreicht man über Quiroga, von wo aus man mit einem Taxi oder Kleinbus weiterfährt; am Parkplatz beim See ein großes Restaurant; Bootstouren werden an einem Kiosk davor angeboten. Zu den **Lagunas de Mojanda** führen keine öffentlichen Verkehrsmittel; die Alternative zu Taxi oder Mietwagen sind: ca. 6 Stunden zu Fuß bis zum ersten See ab der dritten, über die Panamericana führenden Fußgängerbrücke in Otavalo.

San Lorenzo/Esmeraldas

Karte: Seite 112/113, Planquadrat B 3.

Verkehrsverbindungen: Boote fahren morgens nach La Tola oder Borbón; die Fahrt durch ein Gewirr von Inseln und Wasserläufen gleicht einem Amazonas-Trip. Von Esmeraldas führt eine gute Straße über Santo Domingo ins Hochland oder die Küste entlang nach Süden.

Unterkunft: In San Lorenzo sind alle Hotels einfach; etwas besser das »Residencial Carandolet« (Tel. 780202); Zimmer mit Moskitonetz sind vorzuziehen. Esmeraldas: im Norden am Strand liegt »Cayapas« (Ave. Kennedy, Tel. 711022). In **Atacames** und **Muisne** lebt Gringo-Jugend in Hängematten am Strand (viele Diskotheken).

Restaurants: In beiden Orten wird man sich entweder mit den Hotelrestaurants begnügen oder in den Garküchen etwas Besonderes versuchen: den in Kokosmilch gegarten Fisch, eine Spezialität der Region.

Information: Cetur, Esmeraldas, Av. Bolívar 227, Tel. 714528, informiert eventuell über den Zugverkehr nach Ibarra.

Auf dem Markt von Otavalo

Ibarra: Eisherstellung in der Paila

Die Paila, der Kupferkessel, ist das wichtigste Kochgerät in den Anden, in dem nicht nur heißer Eintopf, sondern auch kaltes Eis gerührt wird. Anders als die gekochten Speisen ist das Paila-Eis für europäische Mägen – so lecker es sich präsentiert – nicht immer unbedenklich, denn in Wasser und Milch können sich Keime verstecken, wenn sie unabgekocht verwendet werden.

Hügelland an den Mojanda-Seen

Pazifikküste – nicht nur zum Träumen

Gr. Foto: Salangos Fischer fahren selten vergeblich hinaus, im Hintergrund die Isla Salango. Kl. Foto: Abkühlung in Salinas.

Grüne Hügel, fruchtbare, von unzähligen Flüssen bewässerte Ebenen, Strände und Freizeitparadiese: Vor hundert Jahren war die Costa noch die wilde Grenze Ecuadors, menschenleeres Land, Domäne großer Haciendas und wilder Reiter; heute ist sie der Teil Ecuadors, in dem man mit Strandrestaurants, Bananenplantagen und Garnelenzucht schnell reich wird – oder aber sehr arm. Diese beiden Pole bestimmen eindrucksvoll die inzwischen größte Stadt Ecuadors: Guayaquil.

Ein Unwetter, als ob der Himmel einstürzen wollte. Wassermassen spritzen vom Asphalt hoch, sammeln sich in den Schlaglöchern, bilden Pfützen, Seen und schließlich kleine Flüsse. Aber man ist an der großen Kreuzung hinter Santo Domingo auf solche Unbill eingestellt. Die Obststände, die Ananas, gelbe und grüne Bananen und drei Sorten Melonen anbieten, haben Dächer, unter denen sich alles sammelt: Busreisende, die auf Anschluss warten, Spaziergänger und Gaffer, die menschliche Ladung eines offenen Kleinlastwagens und schließlich sogar ein Reiter, der sein nasses Pferd an einen Pfosten bindet.
Die Unterhaltung bricht sich ebenso schnell Bahn wie das Wasser: »Adonde vas? – Wo geht's hin?« Zur Küste natürlich, das ist allen klar. Nach Pedernales. Andere greifen den Faden sofort auf, kommentieren die verschiedenen Badeorte und Strände, den Straßenzustand – »schrecklich, schrecklich« –, das Wetter – »In Pedernales regnet es nie!« Und schon schweift die Unterhaltung weiter: Witze, Anzüglichkeiten, Klagen über die Zeitläufte und immer wieder die Politik.

Aus der kühlen Sierra hinab ins dampfende Küstenland

Was für ein Unterschied zwischen gestern und heute! Gestern, das waren glasklare Kälte, weiß gekalkte Adobehäuser, Hochland-Indios mit Hut und Poncho und stumm-freundliche quechuasprachige Marktfrauen; heute schwüle Regenluft, Holzhäuser auf Pfosten, fröhliche Geschwätzigkeit. Dazwischen rund 100 Kilometer Straße den Andenabhang hinunter Richtung Küste. Ein wahres Fegefeuer, aber auch ein Fest für die Augen: Dem Río Pilatón folgend, der sich neben der Straße tief in eine Schlucht eingegraben hat, geht es in Serpentinen hinunter von der kargen Höhenlandschaft in ein immer dichteres, tropisches Grün mit gewaltigen Bäumen. Es gibt kein Halten: rechts der Abgrund des Flusses, links aufragende Bergwände, von denen Wasserfälle hinunter stürzen, Fetzen der herauf ziehenden Wolken.

Dazu kommen jede Menge Schlaglöcher, vorn und hinten ein unendlicher Verkehr von Bussen und Lastwagen, die sich respektlos auch vor Kurven und Engstellen überholen. Früher ein mühseliger Maultierpfad, muss die Straße zwischen Alóag (südlich von Quito) und San-

Borbón: Der Einbaum ist in weitem Umkreis das einzige Verkehrsmittel

Garküchen in pazifischer Brise – in Atacames

Zwischen Borbón und der kolumbianischen Grenze durchkreuzen nur noch Wasserstraßen den Regenwald. Kinder lernen hier früher schwimmen als laufen. Der Lebensraum zwischen Wasser und Wald ist so sicher, dass man die Türen nicht verschließt – doch weiter südlich, um Atacames, hat der Strandtourismus mit all seinen Problemen schon Einzug gehalten.

Lastfahrräder sorgen für Bewegung in Atacames

Das nördliche Küstenvorland, ein Obstgarten

Melonenverkäuferin am Strand von Atacames

to Domingo nahezu den ganzen Verkehr zwischen Sierra und Costa bewältigen. Auf halber Höhe gibt es einen kleinen Parkplatz mit einer Cola-Bude und einer Marienkapelle. Alle halten hier; Fahrgäste und Fahrer beten inbrünstig und stecken Kerzen auf. Es hilft nicht immer – viele weiße Kreuze am Straßenrand erzählen davon.

Aber gestern war gestern. Der Regen hört abrupt auf, und die Straße führt kurvenreich durch eine immergrüne Vorgebirgslandschaft, vorbei an Holzhäusern, vor denen Pferde grasen und schwarze Schweine sich suhlen, vorbei an einem aufgerissenen Pferdekadaver, um dessen Eingeweide sich Hunderte von schwarzen Geiern streiten. Durch die struppig wirkenden Vororte von Pedernales geht es direkt zu einem strahlend blauen Meer: dem Pazifik.

Hier beginnt die Ferien- und Wochenend-Route der Quiteños, die mit Jeeps, Kleinlastwagen und Kleinbussen, bis über das Dach beladen mit Kühlboxen, Gummitieren, zusammengeklappten Liegen sowie mit Kind und Kegel einschwärmen und alle motorisiert erreichbaren Teile des Strandes in ein Feldlager verwandeln. Die Buden und kleinen Strandrestaurants werden in den Trubel einbezogen: Männer lassen sich zum Bier nieder, während die Frauen Liegen aufklappen, Kinder beruhigen, aus- und umziehen, Kekse verteilen und von Wagen zu Wagen, vom Wagen zum Strand und zur Kneipe familiäre Beziehungen pflegen. Dazwischen traben klingelnde Eisverkäufer und Händler mit Strohhüten, Sonnenbrillen und Popcorn auf und ab.

Für profitable Garnelenzuchtbecken abgeholzte Mangrovenwälder

Wenige Meter den Strand hinunter, jenseits des Dunstkreises der Restaurants ist der Spuk schnell zu Ende. Die Straße hält sich nun in respektvoller Distanz zur Küste, denn mit der Dünung des Pazifiks ist nicht zu spaßen. Wenn El Niño, das böse Kind, das Sagen hat, heißt es »Land unter«, und ganze Landstücke und mit ihnen Straßen, Parkbänke und Häuser,

Noch gibt es in Manta Fischer; hier mit dem schnellen Picudo (Fächerfisch oder Marlin)

verschwinden. So war es schon immer, sagt man, aber es lässt sich nicht mehr übersehen, dass auch der Mensch seinen Teil beiträgt: Die Mangrovenwälder, früher Puffer zwischen Meer und Land, sind selten geworden. An ihrer Stelle sieht man Becken, groß wie Fußballfelder mit still im Abendrot schimmernden Wasserflächen. Hier wächst Geld, grüne Dollars in Form von Garnelen, die dicht gedrängt auf das Ende ihres kurzen Lebens warten. Eines Abends, wenn wieder die untergehende Sonne ihr letztes Licht über den Teich schickt, werden große flache Netze die zappelnde Masse aus dem Wasser holen – eine reiche Ernte für den Weltmarkt, der mehr von den Schalentieren verlangt, als die Fischer hereinbringen können.

Die Küste ist ein Land für Gewinner: Vor hundert Jahren war es Kakao, dann kam Kaffee, jetzt sind es Bananen und Garnelen. Jedesmal wurde aber auch verloren: Der Kakaoboom hat die afrikanische Konkurrenz nicht überlebt, die Bananenplantagen werden durch die Schließung der europäischen Märkte bedroht. Und die Garnelen? Es scheint, als ob nun alle verlieren werden: die Küste, die Natur und die Fische, die Laichgrund und Kinderstube in den ruhigen Wassern zwischen den Mangrovenwurzeln verlieren. Die Wasservögel hatten sich zum Überleben lediglich auf die Garnelenräuberei umzustellen. Natürlich haben auch die Küstenfischer verloren, dere Fänge sich drastisch verminderten. Viele Zuchtbecken sind bereits leer – Wunden in der Landschaft, die bezeugen, dass auch die Investoren verlieren:

Manta ist das Zentrum des Thunfischfangs und der Bau der Kutter manchmal noch Handwerksarbeit

Hunderttausende Garnelen auf engstem Raum machen jedes Wasserbecken zu einer stinkenden Kloake, dass nach wenigen Jahren für lange Zeit, oft für immer, aufgegeben werden muss.

Kranke Garnelenvölker bedrohen Millioneninvestitionen

Aber selbst das Abholzen weiterer Mangrovenwälder rettet die Zunft nicht mehr: Krankheiten breiten sich unter den Garnelen-Völkern aus, die »mancha blanca«, ein weißer Fleck auf dem Rücken der Tiere, macht sie ungenießbar. Doch Millioneninvestitionen stehen auf dem Spiel, weder Züchter noch Staat möchten auf die Einnahmen verzichten. Und so fahndet man derzeit dringend nach chemischen Heilmitteln – neue Gifte für eine Küste und ein Land, das aller Welt so unerschöpflich und robust erschien und sich jetzt als so verwundbar erweist.

Weiter nach Süden, die Küste entlang: inter dem mächtigen Mündungstrichter des Choné-Flusses leuchtet eine Zeile von in der hellen Mittagssonne weiß leuchtenden Hochhäusern auf: Bahía de Caráquez. Wer dorthin will, muss sich einer altersschwachen Fähre anvertrauen, die im Zentrum der Stadt an einem unbefestigten Hochufer anlegt: Lastkarren müssen mit vereinten Kräften hochgezerrt werden, während sich die Autos schlingernd, schlammspritzend und mit heulenden Motoren hinaufquälen.

Hinter der Stadt schwenkt die Straße landeinwärts in das von vielen Flüssen bewässerte Innere. Es geht ins Herzstück der heutigen Provinz Manabí, ein Land reich an Legenden. Noch vor hundert Jahren, als nur einer von zwölf Ecuadorianern an der Küste lebte, während man in der Sierra um jeden Kartoffelacker kämpfte, war das Küstenland in Haciendas aufgeteilt. Diese grenzenlosen Besitztümer wurden beherrscht von Clans, die mit Gott und dem Teufel paktierten und ihre eigenen Gesetze hatten:

Mühsame Panamahut-Flechterei in Montecristi

Mannesehre und Gefolgschaftstreue. Ihnen gehorchten alle, die sich Montuvios nannten.

In Montecristi findet man Palmstroharbeiten aller Art

Kleine Hotels stehen direkt am Strand von Puerto Lopez

Palmstroh ist ein sich erneuernder Rohstoff, aus dem die Menschen an der Costa seit Jahrtausenden alles Erdenkliche herstellen: Hausdächer, Hängematten, Körbe, Fischreusen, Kleidungsstücke, Puppen, Schmuck und natürlich auch Hüte. Die Kenntnis von der Qualität und Verwendbarkeit der verschiedenen Palmsorten, die Standorte, die beste Zeit der Ernte und Verarbeitung – dies alles gehört zum traditionellen Wissen der Landbewohner, die bis heute viele Stroharbeiten für ihren eigenen Gebrauch herstellen.

Ehrenhändel der Montuvio-Clans wurden blutige Feldzüge

Wenn diese Machos ihre Ehre als gebrochen ansahen, so zogen sie, Herren und Knechte, mit blanker Machete und geladenen Flinten durch das Land, um blutige Rache zu nehmen. Revolutionen, und an denen mangelte es zu der Zeit nie, wurden durch die Ehrenhändel und Treueschwüre der Montuvio-Clans zu blutigen Feldzügen, in denen es weniger um politische Inhalte als um Intrigen und Machtkämpfe der Caudillos ging.

Doch der Bau der Eisenbahn zwischen Küste und Sierra, der 1908 abgeschlossen war, änderte alles: Angeheizt durch den Kakaoboom zogen Zehntausende armer Sierrabewohner an die Küste, aus Marktflecken wurden Städte, und der Staat der Sierra begann, seine Spielregeln an der Küste durchzusetzen.

Die Interessen eines neuen Handelsbürgertums verbanden sich mit dem Freiheitsbedürfnis der Montuvios und machte den Liberalismus zu einem nun gegen die Sierramacht gerichtete Mittel der Politik. Eloy Alfaro, Montuvio aus alter Familie und langjähriger Präsident Ecuadors, wurde zur Symbolfigur dieser Jahre des Wandels: auf der einen Seite Reformer und Modernisierer des in seinem Sierra-Feudalismus erstarrten Staates, zum anderen störrisch verhaftet in seinem Familienclan, der ihm im politischen Auf- und Abstieg und sogar in den blutigen Tod treulich folgte.

Spuren der alten Montuvio-Herrlichkeit erlebt man noch heute: Herden von Zeburindern sperren die Straße, be-

In Sichtweite der Strandparadiese von Salinas wird die Küste durch Garnelenfarmen zerstört

Salinas: alles frisch aus der Cevicheria am Strand

27000 selbstständige Fischer gibt es noch in Ecuador, mehr als drei Viertel davon in Esmeraldas und in der Provinz Manabí. Sie führen einen harten Überlebenskampf gegen die ausländische Industriefischerei, die mit neuester Technik und kilometerlangen Netzen die Küstengewässer vor Ecuador leer fischt – und gegen die Garnelenzucht-Industrie, die für ihre Becken dem Fischnachwuchs den Lebensraum in den Mangroven nimmt.

Die seit Jahrtausenden hoch begehrte Spondylus-Muschel als Ceviche

gleitet von Cowboys, die den Ansprüchen des modernen Verkehrs die Insignien ihres Standes entgegensetzen: Machete und Lederlasso. Jungs amüsieren sich mit improvisierten Rennen auf blanken Pferderücken. »Schau dir die kleinen Montuvio an«, freuen sich Familie und Nachbarn, wenn sich Dreikäsehochs im Sonntagsstaat vor der Kirche prügelnd im Staub wälzen. Mit dem alten »Montuvio-Blut« erklären und begründen die politischen Väter von Manabí die inzwischen sehr ernsthafte Forderung nach dem Autonomie-Status innerhalb der sonst sehr zentralistischen Republik.

Touristenziel Montecristi: Man kommt wegen eines Hutes

Montecristi ist nicht nur der Mittelpunkt des geografischen Dreiecks und Montuvio-Herzlandes, dessen Eckpunkte die Städte Rocafuerte und Jipijapa sowie das Kap von San Lorenzo sind, es ist auch der Geburtsort von Eloy Alfaro. An die gloriose Zeit erinnert noch heute in dem Marktflecken eine überdimensionierte Kirche als ein von weitem sichtbares Landmal; unterhalb davon liegen drei parallele Straßenzüge, eine Handvoll Läden aller Art, kein Hotel und kein nennenswertes Restaurant.
Und dennoch kommen Touristen, denn hier handelt man mit etwas, was, zumindest vom Namen her, so gar nicht in die Region passen will: mit dem Panamahut. Niemand braucht ihn, doch keiner will auf ihn verzichten, den weichen, weißlichen Strohhut mit schwarzem Band. Al Capone hat ihn getragen, und so wurde er, kolportiert durch Fotos und Filme, das unvermeidliche Accessoire einer Gangster- und Lebewelt. Heute kauft man damit weniger einen Hut als ein Stück Kulturgeschichte.

Garantiert frisch: Aus dem Boot heraus wird der Fisch an Händler verkauft

In Santa Rosa werden Corvinas angeboten. Der Meerrabe ist ein beliebter Speisefisch

Am Anfang steht die Toquilla-Palme. Seit uralter Zeit kannten die Küstenindianer die Eigenschaften der schmalen Palmblätter, die gekocht, an der Sonne gebleicht und zu feinsten Fasern zerschlissen, ihre Elastizität bewahrten. Die einstmals familäre Handarbeit verwandelte sich in einen mühseligen Broterwerb: Überall in der Region standen und stehen meistens Frauen vor einem Holzpflock, dessen oberer, abgerundeter Teil dem Hut die Form gibt. Mit ihrem Oberkörper drücken sie ihn nach unten, wo die Finger im raschen Wirbel den Hut wachsen lassen. Je dünner die Fasern, je dichter das Gewebe, desto wertvoller das Produkt, das – in die Tasche gesteckt, Regen und Sonne ausgesetzt – seine Façon nie verliert.

Mit dem Nimbus der Weltläufigkeit: der Panamahut

Diese Qualitäten machten aus einem Bauernhut ein Requisit für Abenteurer: Von Glücksrittern, Goldsuchern und Wanderarbeitern getragen, wurde er zum Symbol vom wildem Leben unter tropischer Sonne. Die Arbeiter am Panama-Kanal gaben ihm seinen Namen, und mit diesem Etikett kam er in die »bessere« Gesellschaft von Mafiabossen, Dandys und Filmhelden. Der Nimbus der Weltläufigkeit ließ den Allwetterhut sogar zum wichtigsten Exportprodukt Ecuadors in der ersten Hälfte des 20. Jahrhunderts werden.
Alle verdienten daran, am wenigsten aber die Weber: Die besten Stücke, die

sich in den Läden von Montecristi zwischen Matten, Taschen und Stroh-Puppen im Schutz von Glaskästen anbieten, sind Zeugen von Wochen gebückten Elends, das in keinem anderen Land zu diesem Preis verkauft werden kann.

Elf Kilometer weiter, in Manta, bestimmt das Meer wieder die Szenerie. Nicht nur das Fischerdenkmal, Wahrzeichen der Stadt, verkündet, wovon man hier lebt. Die ganze Küste vor der langen Strandpromenade ist ein Parkplatz von Wasserfahrzeugen: kleine Kähne mit poetischen Namen, dann Kutter in zweiter Reihe, Ecuadors Fischereiflotte.

Manta: Hochbetrieb an der Mole, Nichtstun am schönen Strand

Morgens ist Hochbetrieb an der Mole, die von der Promenade ins Meer hinausreicht: Karren und Kästen füllen sich mit Beute, Seilwinden hieven auf Lastwagen schwere Thunfischleiber, die mittags schon, in Dosen aufgeteilt, in den Konservenfabriken vom Band rollen. Auf Sichtweite dahinter ist wieder Muße angesagt: El Murciélago, der lange Stadtstrand, der, neu bebaut und gut bewacht, sich mit jedem anderen Parade-Seebad der Region messen kann.

Manta fühlt sich, nicht zu Unrecht, verkannt und unterschätzt. Touristen sind selten hier und werden, wo immer sie auftauchen, zum Brennpunkt herzlichster Aufmerksamkeit: Hotelportiers und Gastwirte verkaufen nicht nur Bett und Essen, sondern gleich die ganze Stadt; das Touristenbüro, selbstverständlich nicht vom Ministerium, sondern von der Stadt eingerichtet, sprudelt vor Aktivität. Ob Museen, Strände, Hotels, Statistiken zur Bevölkerungs- und Industrieentwicklung – für alles hat man Pläne, Broschüren und hektografierte Blätter parat.

Und wer kennt schon die uralte Geschichte von Manta und seiner im Süden anschließenden Küste? Fünftausend Jahre alt sind die ältesten Keramik-Funde von Valdivia, einem Weiler südlich von Manglaralto. Die Vasen der wenig jüngeren Chorrea-Kultur verblüffen durch ihr modernes Design. Es folgen viele andere Namen und Epochen, bis sich, schon ab 800 v. Chr., Städte und Staaten entwickelten. In ihrem Mittelpunkt stand das alte Manta, von wo aus Balsaflöße an der ganzen Pazifikküste Handel trieben mit Baumwolle, Metallen und Tongefäßen, vor allem aber mit einer faustgroßen Meeresmuschel (Spondylus Princeps), die man sogar in den Berggräbern der Inkas wiederfindet.

Wandbilder in den Museen stellen die große Zeit dar

Dann kamen die Spanier, und mit ihren Krankheiten verschwand eine ganze Zivilisation, die in vielen tausend Jahren herangereift war. Immerhin konnten spanischen Chronisten noch von diesen merkwürdigen, so friedfertigen und weltgewandten Heiden berichten. Ihre Angaben sind die Grundlage der großen Wandbilder in den Museen der Küste, auf denen man sich das auf immer Verlorene vorzustellen versucht: die großen, mit Waren überhäuften Balsaflöße mit Segeln und Ruderern, Priester in fantastischen Gewändern, imposante Städte aus Holz und Stein.

Der Fundstätten, vor allem der Gräber, sind unzählige an den Küsten im Süden von Manta: der Park von Machalilla, das Dorf Agua Blanca, der Ort Salango, der sich ein eigenes Museum leistet, und die der Küste vorgelagerten Inseln. Und die Relikte sind überall: Bauern bewahren Mais oder Wasser in zufällig gefundenen Antiquitäten auf; schlitzohrige Montuvios bieten alte Siegelsteine und Tonfiguren an, die sie aus der Hosentasche herauszaubern. Ein Glücksfall ist da noch das hinter Sanlango gelegene Hotel »Piquero Patas Azules«, das neben dem

Auch Guayaquil ehrt Simon Bolívar

Stilvolle Einkaufspassage durch das Rathaus von Guayaquil

Ecuador ist ein Land der sozialen Gegensätze: 20 Prozent der Bevölkerung leben unter der Armutsgrenze; in und um Guayaquil steigt dieser Anteil auf dramatische 60 Prozent an. Am meisten betroffen sind Zuwanderer, die ihr soziales Netz verloren haben und täglich um ihr Überleben kämpfen müssen: im Kleinhandel, mit Dienstleistungen. Die Grenzen zwischen dieser »informellen« Wirtschaft, dem »Illegalen« wie Schmuggel und direkter Kriminalität sind fließend – eine explosive Mischung, die das soziale Gefüge der Stadt immer wieder zu sprengen droht.

Welche Macht hat man im Rathaus? Die Kriminalität bleibt ein Problem

Die »Rotonda« feiert das Treffen von Bolívar und General San Martín

Hier ist die Welt noch in Ordnung: Guayaquils Pracht-Malecón, der den Río Guayas begleitet

Am Strand von Salinas ist immer etwas los: hier erfreuen Musiker die Badegäste

Speisesaal eine Gräberstätte aus der Valdivia-Zeit zeigt – gefunden bei den Bauarbeiten. Sie wurde dank des Interesses des Besitzers im ursprünglichen Zustand erhalten und erlaubt nun Archäologie zwischen Hauptgericht und Nachtisch.

Hinreißende Landschaftsvielfalt als Förderer der Kultur

Warum dieses Land hinter Manta zur Heimat einer Jahrtausende alten Kultur der Schönheit wurde, ist nicht schwer zu verstehen, wenn man sich die Landschaftsvielfalt anschaut: das wilde Kap San Lorenzo, die letzten Küstenregenwälder im Machalilla-Nationalpark, Inseln und Inselchen. Valdivia, Olón, Ayangue: Diese Strände und Badeorte werden durch Stichstraßen erreicht. Morgens und bei abnehmender Flut wird der noch feuchte und feste Sand zur Rennpiste, an der sich die Kinder reicher Eltern versuchen. Mittags sieht es dann anders aus: Schaufeln und Manneskraft werden nun gebraucht, um die Autos wieder aus dem Sand zu holen – beides erhältlich in den Restaurants und bei den Gaffern.

Abends, wenn die Sonne ebenso kitschig wie anrührend als roter Ball im Dunst zerfließt und langsam ins Meer gleitet, findet man, was man sucht: eine

Salinas Strand ist ebenso gut besetzt ... ... wie das Meer (unten)

Das Land ist knapp geworden auf der Landzunge von Salinas, und so wachsen immer mehr Hochhäuser in den Himmel. Wer sich hier ein Appartement leisten kann, hat es zu etwas gebracht und scheut sich nicht, dies in Boutiquen, Restaurants und auf dem allabendlichen Autokorso am Strand zur Schau zu stellen.

Flasche Pilsener, gegrillten Fisch und ein Bett, von dem aus man die Pazifikwellen rauschen hört. Fetzen von Gitarrenmusik dringen herüber und ein Lied über die Cholita, das schöne braune Mädchen, das man liebt, das ihren Mann verlassen hat und ohne das man nicht leben kann. Oh, meine Cholita.
Die Rhythmen werden schneller und heißer, wenn man sich Guayaquil nähert. Salinas schickt mit seiner Skyline entlang der Strand- und Promeniermeile eine kilometerweit lesbare Botschaft: Hier ist das Miami der geldschweren Guayaquileños. Hier haben sie ihre Wochenendappartements mit Blick auf das Meer, versteht sich, und auf die eigene Jacht.

Abends in Salinas mit Papas Geld angeben

Abends, wenn die Strandstühle und Sonnenschirme zusammengeklappt sind, trifft man sich auf der Promenade, in den Bars und Spezialitätenrestaurants aus allen Teilen Ecuadors. Unter den Teenies gilt es als cool, hier Papas Jeep zu parken: Fenster und Türen weit geöffnet, Salsa und Cumbia, was immer die Lautsprecher hergeben, und dazu sitzt, tanzt und flirtet man, Bier oder Cola in der Hand, auf dem Randstein oder auf der Kühlerhaube.
Salinas, so nahe bei Guayaquil und durch seine exponierte Lage auf der trockenen Halbinsel Santa Elena vor Regen geschützt, ist als Seebad unschlagbar. Es entschädigt die Guayaquileños für all das Ungute ihrer Stadt.

Der erste, oft auch der zweite Eindruck von Guayaquil ist vernichtend

Wie kann man sich Guayaquil annähern? Die meisten, Touristen wie Ecuadorianer, klammern die Stadt, die inzwischen zur größten Ecuadors geworden ist, einfach aus: »Guayaquil gehört eigentlich nicht mehr zu Ecuador«, sagt man in Quito. »Seine nächsten Verwandten sind die tropischen Hafenstädte des Amazonas und des Orinoco. Miserable Luft, Krankheiten, Schmutz, Gesindel.« Von welcher Richtung man auch kommt, die Stadt wirkt zunächst befremdend: Netze schmutziger Schnellstraßen durchkreuzen Slumviertel. Die sind ein Meer von schnell zusammengezimmerten Häusern, brodelndes Leben, das keine Ordnung erkennen lässt. Im Osten und Süden ist Guayaquil umzingelt von schwülen braunen Wasserläufen, deren Namen verwirren und eine morbide Fas-

»Klein-Miami« – Hochhauskulisse von Salinas

Hüte, Taschen, Puppen und dazu gute Laune

zination ausüben: der Daule, der Babahoyo, der Estero Salado, der Río Guyas – alle vereinigen sich in einem gewaltigen, mit Inseln durchsetzen Delta. Hier ist der Kontrapunkt zu den Hochtälern der Sierra: entgrenzte Weite, in der Land allmählich in Wasser übergeht. Im Osten und Süden gibt es das Meer der endlosen Bananenplantagen, durch die Straßen wie Schneisen geschlagen sind.

Auch große »Kleinkunst« findet ihren Käufer

Guayaquil hat etwas Beunruhigendes an sich, und tatsächlich ist der Ruf der Stadt miserabel. Selbst die Guayaquileños stimmen in das Klagelied ein: kein Tag ohne spektakuläre Überfälle und Morde; fast jeder zweite Einwohner der Stadt war schon Opfer von Gewaltdelikten.

Amerikanisch sind Straßenbild, Hektik und Geschichtslosigkeit

Auf der anderen Seite hat die Stadt etwas Faszinierendes an sich: In ihrem täglichen Kampf um das Überleben, um Arbeit, um das schnelle Geld ist sie sehr amerikanisch, und so ist auch das Bild des Zentrums: ein Spinnennetz von Straßen, die wie mit dem Lineal gezogen sind. Hauptkoordinaten sind das Ufer des Río Guyas mit seinem Malecón Simon Bolívar einerseits und andererseits die auf ihn zuführende Hauptgeschäftsstraße, die von Banken und Kaufhäusern gesäumte Avenida 9 de Octubre.

Sonne, Bier und Flirts: Jeunesse dorée in Salinas

Zum Spaß der jungen Leute am Strand von Salinas gehört auch ein auffallendes Fahrzeug

Ihr Schnittpunkt ist das Wahrzeichen der Stadt: ein Rundtempel, der an einen entscheidenden Moment lateinamerikanischer Geschichte erinnert: In Guayaquil trafen sich am 26./27. Juli 1822 erstmals die beiden Generäle der Unabhängigkeit: Von Norden kam Simón Bolívar, von Süden José de San Martín.

In den umliegenden Straßenzügen wird Guayaquil zur Weltstadt mit großen Hotels, Restaurants, Diskotheken und Geschäften. Auch das ist nur ein Gesicht einer verwirrenden Stadt. Andere sind die verwinkelten Gassen des »Künstlerviertels« Las Peñas, zwar übel beleumundet, aber sehenswert mit seinen über dem Guayas liegenden Kneipen, in denen noch die traditionelle Musik der leidenschaftlich-traurigen Guayacas zelebriert wird – direkt neben dem Friedhof.

Wenn man Guayaquil mit all seinen Extremen besucht hat, sollte man den Tag in dem Parque Bolívar ausklingen lassen. Ein kleines Geviert vor der Kathedrale: In seinen seltsamen alten Bäumen sitzen bewegungslos Landleguane, die sich füttern lassen, in Wasserbassins leben kleine Schildkröten und mächtige japanische Goldfische: ein liebenswertes Stückchen arrangierte Natur, bestaunt von Kindern, deren Eltern hier abends das Jüngste im Wagen vor sich her schieben. Und eine tröstliches Portion Normalität in einer Stadt, die für viele, vielleicht zu viele, die Hoffnung auf ein Stückchen kleines Glück war und ist.

Bahia de Caráquez

Karte: Seite 112/113, Planquadrat D 1.

Anreise: Kleiner Flugplatz (Flüge von Quito, Guayaquil; 10 kg Gepäck); häufige Busverbindungen nach Quito, Portoviejo, Sto. Domingo, Manta, Guayaquil.

Unterkunft: Touristenstadt mit großer Auswahl von einfach bis luxuriös, wie etwa das sehr gelobte »La Piedra« (fast an der Spitze der Halbinsel, Tel. 690780). Zentral das »Herredura« (Correo Central, Tel. 690446, E-Mail: hoherrad@impsat.net.ec). Preiswerte Pensionen findet man in den Straßen rund um die Fähranlegestelle; in dem gleichen Viertel gibt es auch viele Restaurants und Imbissstuben. – Nördl. von Bahia viel einheimischer Tourismus mit preiswerten Pensionen.

Strände: Die schönsten Strände sind die bei San Vicente (Fähre) am gegenüberliegenden Ufer der Chone-Mündung: bis zu 800 m breit und teilw. touristenfrei.

Sehenswürdigkeit/Ausflüge: Wie in fast allen Städten bietet die Zentralbank ein Museum (Alberto F. Santos/ Malecón, Di–Sa 10–17 Uhr) mit archäologischen Zeugnissen und alten Fotografien. – Als Ausflug lohnt eine Besteigung des Colina de la Cruz mit wunderbarem Blick über Chone-Mündung und Stadt.

Information: Cetur, Calle Arenas / O. Viteri, Tel. 05/691124.

Guayaquil

Karte: Seite 112/113, Planquadrat F 2.

Anreise: Der internationale Flughafen Simón Bolívar am nördl. Rand des Stadtzentrums bietet Verbindungen in alle Teile Ecuadors – bis zu den Galápagos-Inseln; er wird auch von einigen internationalen Fluglinien direkt bedient. Der zentrale Busbahnhof liegt fast daneben; von hier aus führen Buslinien in alle Teile Ecuadors. Die Taxis haben keine Taxameter; die Fahrt in die Stadt kostet etwa 3 $.

Unterkunft: Die großen Hotels liegen entweder in der Nähe der Kathedrale (»Continental«, 10 de Agosto/ Chile, Tel. 329270; »Grand Hotel«, Av. Boyaca / 10 de Agosto, Tel. 329690,

REISE-INFO
LA COSTA

Hotel »Unipark« am Bolivarpark, Clemente Ballén 406, Tel. 324046) oder am Malecón (»Ramada«, Malecón / Orellana, Tel. 565555). Berühmte Luxusklasse ist das »Oro Verde« (9 Octubre / G. Morena, Tel. 327999). Erträgliche Preise im »Unihotel« (Clemente Ballen 406, Tel. 327100, E-Mail: unihotel@srv1.telconet.net). Viele kleinere Hotels sind auf die Innenstadt verteilt und meist schlecht und teuer. Zu nennen sind allenfalls die beiden direkt nebeneinander liegenden »Centenario«-Hotels am zentralen Centenario-Park (Vélez / Garaycoya, Tel. 526446). Die Jugendherberge Ecuahogar liegt außerhalb (Av. Ayora / Villa 20, Tel. 248357).

Essen: Zwei Extreme: die Restaurants der besseren Hotels und die bekannten Fast-Food-Ketten (Avenida 9 de Octubre) sowie Chifas. Dazwischen wenig Aufregendes. Empfehlenswert das Mittagsbüffet im Restaurant »Parque« im Kaufhaus Uni-Centro direkt am Parque Bolívar.

Unterhaltung: Diskotheken und andere nächtliche Vergnügungen bieten die großen Hotels. Peñas-Folklore gibt es natürlich im Viertel Las Peñas; dort aber nicht allein unterwegs sein!

Museen: Sowohl das Stadtmuseum (Museo del Muncipio, Chile / Carbo, Di bis Sa 9–16 Uhr) wie auch das Museo del Banco Central (9 de Octubre / Antepara, Di–Sa 9–18, Sa, So 10–13 Uhr) bieten in erster Linie archäologische Exponate aus den alten Küstenkulturen; das letztere besitzt allerdings eine Sammlung, deren Reichtum wohl unübertroffen ist; es ist die wichtigste Sehenswürdigkeit Guayaquils und man sollte sie auf keinen Fall versäumen. Das kleine Museum der Banco del Pacífico (Icaza 113, Di 9–18 Uhr) ist bescheidener. Etwas weiter in die moderne Geschichte der Stadt reicht das Museum Nahim Isaias B. (Clemente Ballén / Pichincha, Mo–Sa 10–17 Uhr).

Ausflüge: Wochenends wird man in **Salinas** (Karte S. 112/113, Planquadrat F 1) einen Teil der Guayaquiler Bevölkerung wiederfinden: Eine der besten Straßen Ecuadors führt zu dem Seebad. An der um die ganze Bucht führenden Strandpromenade reihen sich Hochhäuser, Restaurants und Kneipen. Nur Hotels sieht man nicht so häufig, denn Salinas ist die »Datscha«-Stadt von Guayaquil. Einigermaßen preiswert, wenn auch nicht allzu komfortabel ist das Hotel »Yulee« am nördlichen Ende der Bucht (Tel. 774268), eleganter und teurer ist das »Hostal Francisco« (Av. General Enriquez Gallo / Ruminahui, Tel. 774106).
Der Fischer- und Badeort **Playas** (G 1) liegt etwas näher an Guayaquil; die hier gebotenen Unterkünfte sind alle einfach: Das Hotel »Playas« (Tel. 760611) liegt direkt am Strand, ebenso wie das neuere Hotel »Rey David« (Tel. 760024).

Information: Cetur, Malecón y Aguirre, Tel. 326312.

Machala

Karte: Seite 112/113, Planquadrat G 2.

Anreise: Durch endlose Bananenplantagen geht es im Bus aus Guayaquil, Cuenca und Quito.

Unterkunft: Die Provinzhauptstadt bietet u. a. das »San Francisco« (Calle Tarqui zw. Sucre / Olmedo, Tel. 922395) im unteren oder das »Oro Verde« (Tel. 930140, E-Mail: ecovm@srv1.telconet.net) im obersten Preissegment.

Strände: Hauptattraktion sind die Strände der gegenüberliegenden Halbinsel Jambeli, die mit dem Boot von Puerto Bolívar angefahren wird. An der Hafeneinfahrt Dutzende von Restaurants, die sich auf Garnelen spezialisiert haben – und zwar auf gefischte!

Ausflüge: Von Machala aus führen zwei Straßen ins Hochland: eine gute nach Cuenca, eine schlechte, aber landschaftlich unvergleichlich schönere nach Loja. Nach einem Drittel des Weges kann man nach **Zaruma** (H 2; schlechte Straße!) ab-

Indianer in Santo Domingo de los Colorados

zweigen, dem am besten erhaltenen kolonial geprägten Kleinstädtchen des Südens. Es ist der Namenspate der Provinz, denn in Zaruma wird tatsächlich noch nach Gold geschürft. Nach Quito und Cuenca dürfte Zaruma die dritte Stadt Ecuadors sein, die aufgrund ihres kolonialen Charakters zum Weltkulturerbe erklärt wird. Der Besucher findet vielleicht das Goldmuseum geöffnet. Er kann im Hotel »Roland« (San Francisco / Bolívar) nächtigen und den besten Hochlandkaffee, Café Molido, bei »Despensa El Cafetal« kaufen.

Südlich von Salango: Öko-Hotels wie das »El Andaluz« spielen zunehmend eine Rolle

Manta

Karte: Seite 112/113, Planquadrat E 1.

Anreise: Die mit rund 200 000 Einwohnern beherrschende Stadt des mittleren Küstenabschnitts wird inzwischen täglich von Quito und Guayaquil angeflogen. Busverbindungen vom Busbahnhof im Zentrum führen in alle größeren Städte des Landes.

Unterkunft: Die Küste der Stadt wird durch den Río Tarqui in zwei Teile geteilt; in dem längeren östlichen befinden sich der Malécon mit dem dahinter liegenden Stadtzentrum, der Fischereihafen und der Murciélago-Strand; der kürzere westliche Teil, die Playa Tarqui, ist das Vergnügungsviertel mit Restaurants, Bars, Diskotheken.
Auf dem Malecón Tarqui liegen nahezu alle Hotels: Die Reihe beginnt mit dem Jugendstilbau des »Haddad Manabí« (Tel. 621955); es folgen, ein Stück landeinwärts, das »Panorama Inn« (Tel. 611552), das einfachere »Boulevard« (Tel. 613812) und so fort. Ein schönes altes Hotel mit freundlicher Atmosphäre und preiswerten Zimmern ist das »El Inca« (Tel. 620440): Die Zimmer im obersten Stock erlauben einen Blick auf das Meer und schirmen etwas die Geräusche der Diskotheken und Karaoke-Bars ab, die sich direkt am Strand befinden. Es ist nicht weit zum abendlichen Vergnügen, aber Vorsicht: Der Tarqui-Strand (zum Baden ungeeignet) gilt als unsicher.

Essen: Speiselokale findet man natürlich auch am Tarqui-Strand und in dem dahinter liegenden Viertel, doch im Allgemeinen zieht man hierfür den östlichen Teil von Manta vor: das Zentrum, in dem man im obersten Stockwerk der Banco Pichincha im »Club Ejecutivo« (Tel. 620113) nach wie vor exzellent speist. Eine ganze Reihe schöner offener Lokale am Meer ist mit dem Umbau der Playa Murciélago entstanden.

Sehenswürdigkeiten: Es macht Spaß, durch diese offene und freundliche Stadt am Meer zu schlendern. Morgens kann man sich die Aktivitäten der Fischereimole ansehen, die man eigentlich nicht, für ein gutes Wort dann aber doch betreten darf. Die archäologischen Exponate im Museo Arqueológico del Banco Central de Manta (Mo–Sa 10–17 Uhr) sind bescheiden im Vergleich zu dem, was man in Salango oder Guayaquil findet.

Ausflüge: Das durch Kakaopflanzungen und Zebu-Rinder reiche Hinterland ist einen Ausflug wert. Etwa zur Stadt der Panamáhüte, **Montecristi** (E 1) (kleines Museum in der Casa Municipal mit Erinnerungsstücken an Präsident Alfaro (Mo–Fr 8–12, 15–17 Uhr).
Ein hübscher traditioneller Fischer- und Badeort ist **Crucita** (E 1), das auch viele Hotels bietet (Paragliding-Center). Lästig ist der weite Umweg über Rocafuerte; ob man aber, wie die Einheimischen direkt am Strand entlang fahren möchte, sollte man sich gut überlegen. Ein weiterer Ausflug führt westwärts auf ausgebauter Straße zum **Kap San Lorenzo** (E 1) in eine Landschaft der letzten Küstenregenwälder und alter Hochkulturen.
Einen landschaftlichen und archäologischen Höhepunkt erreicht man kurz hinter **Puerto López** (E/F 1): Von einem die Küste beherrschenden Hügel hat man einen schönen Blick über Hafen, Regenwälder und Inseln. Das bald folgende Dorf **Salango** (F 1) bietet überraschenderweise eines der besten Museen der alten Küstenkulturen (Museo Balseros del Mar del Sur, tgl. 10.30–18 Uhr).

Information: Municipalidad de Manta, Direccion de Turismo, Calle 9 / Av. 4, Tel. 611471.

Brausender Verkehr im Zentrum von Guayaquil

Bananenstauden werden erstaunlich hoch

Per Transportband zur Weiterverarbeitung

Gleichförmige Plantagenwälder mit ihren Bananenstauden, die in Plastiksäcke hineinwachsen

Die gewaschenen Bananen bekommen ihr Etikett

Das Land südlich und östlich von Guayaquil wird von unendlichen Bananenplantagen bestimmt: Ecuador ist der größte Produzent und Exporteur Lateinamerikas; Bananen sind, vor Erdöl und Garnelen, der wichtigste Devisenbringer des Landes. Noch gehen 55 Prozent des Exportes nach Europa, doch Einfuhrbeschränkungen der EU bedrohen die Bananenindustrie. Allerdings: Landschaft wie Böden würde eine diversifizierte Bebauung gut bekommen.

Die Bananenkartons im Kühlcontainer werden in Guayaquil verladen

Zwischen Berg und Tal: die Magie der Anden

Fotos: Herausforderung Cotopaxi: am Kraterrand und am Gletscher.

Von Quito in den Süden führt – durch grandiose Hochtäler und begleitet von schneebedeckten Vulkanen – die wichtigste Straße des Landes. Sie verbindet alle traditionellen Andenstädte: Latacunga, Ambato, Riobamba, Cuenca und Loja. Hinter Alausí, wo die Eisenbahn über die berühmte Teufelsnase zur Küste abbiegt, wird die Andenstraße allerdings beschwerlich: Die Bergketten rücken zusammen und man fährt durch das von spektakulären Schluchten zerrissene, teils neblige, teils bunte Páramo-Hochland.

Auf dem Donnerstagsmarkt von Saquisilí herrschen strenge Bräuche: Schweine werden an der Leine geführt

El Condor pasa ...«. Er schwebt über ein vielfarbiges Mosaik von rechteckigen Feldern, über Dörfer aus weiß gekalkten Häusern, über Quebradas und Schluchten, deren düstere Tiefe einen Fluss birgt. Er fliegt über dürftige Weiden und Krüppelholz-Büsche der Páramo-Heide und endlich über baumlose Hügelkuppen bis hinauf zu den Schneebergen. Es gibt noch den Kondor in Ecuador – einige wenige der Riesenvögel, die sich in abgelegene Gebiete zurückgezogen haben. Der Flug von Quito nach Cuenca kommt etwas an die Kondor-Perspektive heran und zeigt, dass West- und Ostzug der Kordilleren wie die Sprossen einer Leiter durch Querriegel verbunden sind, die »nudos« heißen und die das Vorwärtskommen so mühsam machen.

Latacunga – oder Tacunga, wie die Einheimischen sagen – ist nur 90 Kilometer von Quito entfernt, und doch herrscht an den Suppenküchen, die sich an der Abzweigung installiert haben, ein Andrang, als ob im Umkreis einer Tagesreise nichts Essbares zu finden sei. »Mein Lieblingsort« bedeutet die Übersetzung des Namens, doch vor allem bei Regen macht das Städtchen, das immer wieder von Ausbrüchen des Cotopaxi zerstört war, einen etwas zerrupften Eindruck.

Halt in Latacunga – des Essens wegen

Dafür haben sich die Restaurants an der Panamericana den Ruf einer guten traditionellen Küche erworben. Kein Lastwagenfahrer rollt an Tacunga vorbei, ohne ein Häppchen zu essen und mit seinen Kollegen zu schwatzen; aus der Hauptstadt kommen ganze Familien, weil man hier so preiswert isst; Busse legen einen ausführlichen Stopp ein, und in manchen Betrieben organisiert man einen Mittagsausflug, um es sich unter Kollegen einmal so richtig gut sein zu lassen.

Das bedeutet natürlich, dass man es nicht bei der üblichen Kartoffelsuppe aus dem Kessel belässt, verfeinert mit einem Stückchen Weißkäse. Das Geheimnis sind die Chugchucaras, die offenen Garküchen mit ihren runden Eisentöpfen und dem Batzen Schweineschmalz auf der Anrichte. Hier wird alles frittiert, was das Land bietet: Kartoffeln, grüne Bananen, große Schweineschwarten, Maiskörner, die Chicharrones.

Die Spezialität von Tacunga sind Allullas, mit Weißkäse gefüllte Teigstückchen, die unbedingt im Schweinefett ausgebacken werden müssen. Daneben liegen, auf Platten gehäuft, von Fett glänzende Hühnerteile und Würste. Wahre Todsünden an Cholesterin, doch hier macht man sich darüber keine Gedanken: Je fetter, desto besser. Und mit einer ordentlichen Flasche Pilsner – immerhin fast ein Liter –

Dickwollige Schafe stehen zum Verkauf

Ein Lama überblickt gelassen jedes Treiben

Latacunga: Kirche Santo Domingo und das Massiv des Vulkans Illiniza

In Latacunga: Das Fest der Mama Negra verbindet indianische ...

Ob Sucres oder Dollars: Die bäuerlichen Familien der Anden verfügen über wenig Bargeld, nicht nur weil sie arm sind, sondern weil man oft den Tausch vorzieht. Dies festigt die Gemeinschaft, die ein Netz von Beziehungen verbindet: die gegenseitige Nachbarschaftshilfe, die Gemeinschaftsarbeiten des Dorfes und vor allem wirkliche und symbolische verwandtschaftliche Beziehungen. Die Gemeinschaft, das sind die vielen Einzelnen, die sich um Zusammenhalt bemühen.

wird noch hinterhergespült, bevor es zum Auto zurückgeht.
Für bessere Gelegenheiten stehen die Grills bereit: gekreuzigte oder aufgespießte Schweine warten, schön braun gebraten. Von hinten her werden sie dann aufgeschnitten, so dass der grinsende Kopf als Gütezeichen bis zum Schluss erhalten bleibt.

Manchmal zäh, manchmal zart: gebratene Meerschweinchen

Und daneben ebenfalls gekreuzigte und braun gebackene kleine Tierchen: Meerschweinchen, die hier Cuy heißen, aber ansonsten ganz das gewohnte Kuscheltier sind. Die Verkäuferin, Schlachtermesser und Fleischgabel fest in den Fäusten, weiß das angewiderte Gesicht des europäischen Touristen wohl zu deuten und beschwichtigt: »Sie schmecken wie Kaninchen.« Stimmt, aber nicht immer so zart, sondern beträchtlich zäher. Das kann nicht verwundern, wenn man sieht, wie die Cuy mit in den Indígenahäusern leben und ständig darauf achten müssen,

... und christliche Traditionen

nicht unter die vielen Füße der Familie zu geraten.

Mit etwas Glück hat der ramponierte Kleinlastwagen noch eine Stelle erreicht, die man als Standspur bezeichnen könnte. Der Fahrer steigt aus, lüftet die Mütze, um sich am Kopf zu kratzen, und betrachtet das Augenscheinliche: Der Reifen hinten rechts ist, wohl nicht zum ersten Mal, platt wie ein Pfannkuchen. Aber man ist fast noch in Ambato, und an der Panamericana ist es ohnehin nie weit bis zum nächsten Reifenflicker; so entschwindet der Chauffeur mit dem Unglücksreifen in einem Taxi. Am Rande der Straße bleibt, neben dem aufgebockten Karren, seine Fracht zurück: eine ganze dörfliche Blaskapelle mit ihren Trompeten, Klarinetten, Posaunen, Tubas und zwei großen runden Trommeln. Die Laune ist nicht schlecht, es wird gewitzelt und gelacht, der eine oder andere bläst probehalber ein paar Töne in die Gegend, und da die Zahl der Gaffer wächst, gibt der Presidente den Einsatz für ein improvisiertes Ständchen am Straßenrand.

Sorgt für Ordnung im Dorf – die Blaskapelle

Die Banda hat im ländlichen Ecuador eine große Bedeutung: Sie bringt die Männer aller Altersgruppen zusammen und ist die Grundlage von Zusammenarbeit, Solidarität und dem Funktionieren der sozialen Rollen. Man kennt den Trompeter und weiß, dass er sich immer für die Musik eingesetzt hat. Die Achtung, die man ihm hier entgegenbringt, hat Auswirkung auf alle Lebensbereiche: Mit ihm wird man Geschäfte machen, denn man kennt ihn als eine ehrliche Haut; hat er oder seine Familie Probleme, werden ihm alle Mitmusiker helfen.

Gegenseitigkeit ist die Grundlage der andinen Gesellschaften, eine ständig sich erneuernde Kette von Verpflichtun-

Die Schneider auf Märkten sind auf Ponchos wie auf Hosen eingestellt

Die Laguna Quilotoa schimmert grün

Chimborazo-Gipfel

Berge und besonders die schneebedeckten Vulkane waren für alle präkolumbischen Andenkulturen Wohnorte von Geistern und Göttern; die Inka brachten auf den Gipfeln Menschenopfer dar. Noch heute werden sie ehrfürchtig »Väterchen« oder »Mütterchen« genannt. Märchen erklären die Bergformen als erstarrte Gesten: die Berge lieben und hassen, sie sind gereizt oder eifersüchtig – was Bergsteiger in Gefahr bringen kann.

Markt in Ambato: Suppenhühner erwarten ihr Schicksal

Der Cotopaxi ist weithin sichtbar

gen, die den Einzelnen fest an seine Dorfgemeinschaft bindet. Das schließt hervorgehobene Posten nicht aus: den Presidente de Banda oder den Músico Mayor, der die einzelnen Stücke einstudiert und nicht selten sogar schreibt. Die Verehrung und die Privilegien, die sie in der Gruppe genießen, wiegen sie auf, indem sie für die Ehre und den Unterhalt der Banda sorgen.

Das Kuriose – und für viele auch Enttäuschende – ist, dass die dörfliche Banda, so deutlich ihr andiner Charakter auch sein mag, keine oder nur sehr verfremdete andine Musik in ihrem Repertoire hat. »Flöten und Harfen«, erklärt der Presidente abschätzig, »das ist für die maricones, für die Weichlinge, die in den Touristen-Restaurants von Riobamba oder Baños von Tisch zu Tisch gehen. Unsere Instrumente sind aus Metall, und wir spielen die Musik, die wir von unseren Vätern gelernt haben.« Wenn man die schrägen Töne aus den uralten und verblasenen Instrumenten überhört, dann erscheint Militärmusik, und die passt auch so ganz zu dem Aufmarschcharakter der Musik-Paraden.

Der Reifen ist repariert, die messingglänzenden churos und bozinas sind mit ihren Besitzern wieder auf der Ladefläche, und die banda verabschiedet sich winkend von ihren Anhängern. Es sind Kenner, das weiß man, denn Ambato ist ein Zentrum der Banda-Musik. Jedes Jahr zur Karnevalszeit kommen hier zum Fest der Blumen und Früchte die Bandas aus der ganzen Region zusammen und werden in guten Jahren auch ergänzt durch Tiroler Knappen oder deutsche Spielmannszüge. Diesmal geht es aber in eine andere Richtung: nach Baños, wo jedes Jahr im September und Oktober ein Wunder wirkendes Marienbild bei Banda-Musik um den Platz getragen wird.

Klimatisch begünstigt: Baños unter dem Tungurahua

Baños ist für alle Ecuadorianer, aber mehr noch für die Touristen ein besonderer Ort. In der östlichen Sierra, in einem tiefen, nur durch die Schluchten der Flüsse Pastaza und Chambo mit der Außenwelt verbundenen Seitental gelegen, hat Baños ein Klima, in dem auch tropische Früchte gedeihen. Auf der Sierra-Seite des Tals erhebt sich der Tungurahua so schroff, dass der Ort direkt in eine Nische zu Füßen des Berges hineingebaut erscheint. Er ist ein keineswegs gezähmter Vulkan und somit auch die größte Sorge: Es ist nicht ausgeschlossen, dass eines Tages Lava direkt nach Baños hineinströmt. Bis jetzt, so zeigen die dramatischen Kathedralen-Wandbilder, ist es stets noch gerade gut gegangen, doch eigentlich lebt Baños immer am Rande einer großen Katastrophe.

Am Allerseelentag treffen sich die Familien an den Gräbern, um mit den Ahnen zusammen zu feiern

An Allerseelen in Pujilí bringt man auch Lebensmittel und Getränke an die Gräber

1999 musste Baños gänzlich geräumt werden, weil der Tungarahua heftig Lava und Asche spuckte. Dennoch hat der Ort eine fast magische Anziehungskraft. Man erzählt gern Geschichten von Reisenden, die hier eigentlich nur umsteigen wollten, eine und noch eine Nacht blieben, nach vier Wochen noch immer da waren, ein kleines Restaurant kauften, heirateten und wenn sie nicht gestorben sind ...

Ordnung und satte Zufriedenheit in Baños

Das ist sicherlich etwas übertrieben: Man kommt nicht zufällig nach Baños, denn der Ort gehört zum Pflichtprogramm des Sierra-Reisenden. Richtig ist, dass kaum jemand nur eine Nacht bleibt und dass gerade die lukrativen Einrichtungen fest in amerikanischer, deutscher oder italienischer Hand sind. An den Hauswänden sieht man hin und wieder eifersüchtige Grafitti »Gringos raus« oder »Baños den Bañensern«. Doch die Schicht der Neider ist dünn. Baños gehört zu den wohlhabendsten Orten der Republik, und das Stadtbild strahlt Ordnung und satte Zufriedenheit aus.

Die Rucksackreisenden gehören zum Alltag und vor allem zum Geschäftsleben. Bereits am zweiten Tag kennt und grüßt man den neuen Kunden auf seiner täglichen Wanderung zwischen Frühstückskneipe und Zeitungsstand. »Wir leben alle voneinander«, kommentiert der Amigo Pedro, der an seinem Stand frischen Zuckerrohrsaft presst und eine kräftige Dosis Zuckerrohrschnaps hinzufügt – »para matar el frío«, um die Kälte zu besiegen.

Abends, wenn es tatsächlich etwas kühler geworden ist, treffen sich Einheimische und Fremde wieder in einem der drei Bäder. Vor der nächtlichen Bergwand und einem durch Scheinwerfer-

licht in Szene gesetzten Wasserfall dampft das schweflig-heiße Wasser aus den Vulkanquellen. »Drei Tage Schwefelbäder, und du bist wie neugeboren!«, seufzt der Schlosser aus Wuppertal. Der hatte die Chimborazo-Besteigung nach einem Tag Schneesturm abgebrochen und verbringt nun seine verbleibenden Tage mit anderen haarsträubenden Aktivitäten – etwa der beliebten Radtour die 60 Kilometer durch die Pastaza-Schlucht hinunter zu den Regenwäldern des Amazonas. Landschaft zum Sattsehen, aber was zählt, ist die Teufelsfahrt in der Bergwand zwischen rutschenden Autobussen und Abgründen.

Wochenends gewinnt in Baños das einheimische Publikum die Oberhand. Aus Quito oder Ambato reisen ganze Familien an. Durch die Calle Ambato weht der süßliche Duft gebratener Meerschweinchen; Karamell wird über die Haken in den Türen geschlagen; an den Buden um den Kirchplatz hängen Luftballons in bunten Trauben, während die Kindereisenbahn ihre Runden dreht. Nun kommt die Gilde der Fotografen, unter dem einen Arm der alte Fotokasten auf Holzbeinen, unter dem anderen ein fellbeklebtes Holzpferd, auf das der frisch gekämmte Sprössling gesetzt wird, während sich dahinter die Größeren aufstellen: Präsentation der Familienidylle.

Riobamba: Parque Sucre mit Neptunbrunnen

Kokosnussstand in der belebten Calle Veloz in Riobamba

Die bigotte Verfolgung der alten Religion und die Zerstörung aller alten Tempel und Kultgegenstände förderte das Gegenteil: Die alten Religionen gingen in den Untergrund. Sie wurden heimlich praktiziert, während die Menschen nach außen hin das Christentum annahmen. Das jahrhundertelange Nebeneinander führte zu einem Verschmelzen der Religionen, was vor allem bei öffentlichen Festen sichtbar wird.

Riobamba wird immer wieder vom Vulkan Tungurahua bedroht

Frühmorgens in Riobamba: Start zur abenteuerlichen Eisenbahnfahrt

Riobamba, 6 Uhr morgens. Noch ist es dunkel, doch im Hotel »Tren Dorado« ist bereits Hochbetrieb. Der Besitzer, Typ Jugendherbergsvater, gibt Frühstücksteller aus und spielt auch ein bisschen Schicksal, in dem er Einzelreisende per Sitzordnung zu Paaren macht. Doch Gespräche wollen zu dieser frühen Stunde nicht aufkommen; man schlürft seinen Kaffee und geht.

Gleich um die Ecke trifft man sich wieder: Hier ist der Bahnhof von Riobamba, mit seinen Eisensäulen und -trägern ein eindrucksvoller Bau vom Ende des 19. Jahrhunderts. Auch der wartende Zug scheint mit seinen Holzwaggons in diese

Zeit zu gehören. Sogar ein »Salonwagen« ist dabei, doch kaum jemand sitzt hier. Dafür ist auf den Waggondächern umso mehr los. Und als das Züglein heftig pfeifend durch den blau-kalten Morgen aus Riobamba herausfährt, sind auf den Zugdächern Feldlager aus Rucksäcken und Decken gebaut. Hier oben sitzend nach Alausí und zur »Teufelsnase« zu fahren, ist das große kollektive Spaßerlebnis, das sich kaum jemand entgehen lässt.

Charango-Musik auf dem Bahnhof von Alausí

Es ist auch das halb traurige, halb burleske Ende von mehr als hundert Jahren Eisenbahngeschichte, die, wie überall in Lateinamerika, im 19. Jahrhundert endlich Fortschritt, Handel und Integration bringen sollte. Das hoffte man besonders in Ecuador, wo Sierra und Costa nur durch neuntägige Klettereien auf glitschigen Maultierpfaden verbunden waren. Ab 1860 wurde geplant, 1899 begann man den Bau unter dem liberalen Präsidenten Eloy Alfaro; 1908 wurde der erste Zug in Quito mit Triumphbogen, Volksfesten und Bankett empfangen.

Der Glaube an die Allmacht der Eisenbahn schleppte sich noch lange durch die Jahrzehnte: 1965 wurde die letzte Teilstrecke nach Cuenca in Betrieb genommen. Doch die Ära der Schiene war schon vorbei. So elend die Straßen, so abgerackert die Busse sein mögen, die Ecuadorianer lieben sie, denn sie richten sich nicht nach irgendwelchen langweiligen Fahrplänen, sondern nach den Bedürfnissen der Fahrgäste. So ist die Eisenbahnverwaltung nur noch eine Beschäftigungsgesellschaft, die wöchentlich einen kaum besetzten Zug von Riobamba nach Quito schickt. Die Strecke in Richtung Guayaquil wird meist noch drei Mal wöchentlich bedient, denn sie bringt als Touristenspektakel mit entsprechenden Preisen immerhin noch etwas Geld.

Ungewöhnliche Einblicke ins ländliche Leben

So schlingert und rüttelt das museale, merkwürdig dachlastige Gefährt durch die Andenlandschaft, einer Achterbahn nicht unähnlich, auf der sich die Mitfahrer bei jeder Kurve juchzend aneinander festhalten. Immerhin bringt die Dachperspektive ungewöhnliche Aussichten: Es geht mitten durch Felder und Dörfer, Bauern und Vieh werden durch lautes Pfeifen vertrieben; die Hunde hingegen erwarten den Zug und verfolgen ihn rudelweise in wütender Raserei. An den Bahnhöfen klettern Burschen auf das Dach und bieten Cola oder heiße Maiskolben an, während die Dachreisenden den Stillstand nutzen, um ihre Pullover auszuziehen und das Sonnenöl herauszukramen. Mittags erreicht der Zug die Kleinstadt Alausí; hier wäre die Fahrt zu Ende – gäbe es nicht noch die »nariz del diablo«, die Teufelsnase.

Die wenigen Kilometer waren das Kernstück der Strecke: die Überwindung der Höhendifferenz zwischen Küste und Hochland, die sich hier als fast senkrechte Felswand darstellt. Über ein Jahr hatte es gedauert, bis dieses Hindernis überwunden war – eine nach dem damaligen Stand bahntechnische Meisterleistung. Fünf große Kehren wurden in die Felswand gesprengt; der Zug klettert auf ihnen, vorwärts und rückwärts manövrierend, von schwindelnder Höhe ins einsame Sibambetal hinunter.

Während des langwierigen Unternehmens denkt man vielleicht noch einmal an den Präsidenten Alfaro, für den »sei-

Bei der »Teufelsnase«: Das Ausweichen ist ein zeitraubendes Manöver

Einmal wöchentlich fährt ein Zug von Quito nach Riobamba, eine gemächliche Fahrt, bei der man fast allein im »Salonwagen« durch Dörfer und Felder ruckelt. Die Fahrkarte ist sehr billig, und das Besteigen des Daches wird nicht gerne gesehen – im Gegensatz zu dem Zug zwischen Alausí und Riobamba, der als Touristen-Spaß-Express die Defizite ausgleichen muss.

Fast schon ein Stück Industriearchäologie: der Bahnhof von Riobamba

Fast alle Fahrgäste reisen auf dem Dach des Zuges zwischen Riobamba und Alausí

»Teufelsnase« nennt man den beeindruckenden Andenabhang zum Tiefland

ne« Bahn letztlich das Ende seines napoleonischen Schicksals wurde: 1911 abgesetzt, versuchte er 1912, von seinem Exil in Panama aus, eine gewaltsame Rückkehr. Er wurde aber in Guayaquil gefangen genommen und zusammen mit seinen letzten Getreuen in »seinem« Zug nach Quito gebracht. Bereits am Bahnhof wartete eine aufgehetzte Menge – keiner der Gefangenen überlebte den Tag.

Über viele Pässe und durch tiefe Flusstäler weiter Richtung Süden

Hinter Alausí verändert sich die Andenlandschaft dramatisch: Auf die hohen Schneeberge folgt ein älteres, schon verwittertes vulkanisches Gebiet. Die beiden Bergzüge der Kordilleren rücken zusammen, kreuzen, verwirren sich; die Täler sind deutlicher abgegrenzt und weniger ausgedehnt. Ein Pass nach dem anderen muss überwunden werden, da-

Symbol einer Stadt: die Türme und Kuppeln der Neuen Kathedrale von Cuenca

zwischen geht es kilometerlang auf großer Höhe durch farbenprächtige Páramo-Vegetation oder an canyonartigen Flusstälern entlang – grandiose Landschaften, wenn sie nicht durch Wolkenbänke und Nieselregen verborgen bleiben.

Es ist ein karges Land, in dem Dörfer und Felder an Abhängen kleben. Wo kein Anbau mehr möglich ist, weiden Schafe und Lamas, bewacht von Hirten mit wettergeröteten Gesichtern und Umhängen aus Schaffellen. Es sind Cañari, die Überreste eines einst großes Volkes, das immer auf der falschen Seite stand. Zwanzig Jahre hatten sie sich den eindringenden Inkas in den Weg gestellt und nahezu alle Männer im Kampf und durch Strafaktionen der Sieger verloren; fünfzig Jahre später wiederholte sich die Katastrophe, als die Cañari in die Wirren des Inka-Bruderkrieges zwischen Huascar und Atahualpa gerieten. Vier Jahre später versuchten sie sich auf die Seite der eindringenden Spanier zu retten – und endeten als Träger, Bergwerkssklaven oder leibeigene Landarbeiter. Heute sind die Cañari in die Berge abgedrängt und sprechen die Sprachen der Sieger: Quechua und etwas Spanisch.

Das Land der Täler, wo das Leben erträglich ist, gehört Kolonisten, etwa den eleganten Saraguros. Vor allem haben die Cañari ihre Stadt verloren: Die schönste und reichste Ebene der südlichen Gebirge, das heutige Cuenca.

Die Ufer des Tomebamba: früher das Zentrum der Inkastadt, heute besseres Wohnviertel

Zentrum der südlichen Anden: Cuenca

Was die Cañari Guapondelig nannten (»Ebene weit wie der Himmel«), wurde zum Tomebamba (»Ebene der Messer«) der Inka. Sie schufen eine andere Stadt und zugleich den nördlichen Stützpfeiler ihres Reiches. Nach dem Plan der heiligen Stadt Cuzco erhielt Cuenca alle Attribute ihrer arroganten Macht: aus fugenlosen Steinmauern gebaute Festungen, Tempel und Paläste. Der heilige Bezirk Pumapungo, Geburtsort des großen Inka-Fürsten Huayna Capac und seines glücklosen Sohnes Atahualpa, stand, wie alle Inkazentren, an einem besonderen, nach astronomischen Daten errechneten Ort: auf einer Anhöhe über dem

Fluss, der den Namen der alten Stadt bewahrt, Tomebamba. Auf diesem geschichtsträchtigen Gelände befindet sich heute ein profaner Zementbau, die Zentralbank. Glück im Unglück, denn das Geldinstitut ist zugleich der wichtigste Wahrer der Kulturschätze des Landes.

Das heutige Cuenca, Erbe der Cañari- und Inkastadt, macht Inventur: 1999 wurde es von der Unesco zum Weltkulturerbe erklärt und das bedeutet, dass die zu erhaltenden Häuser gezählt und

Unter den Arkaden des Parque Calderón

klassifiziert werden müssen. Es sind, die Kirchen nicht gezählt, 1400, die nun nicht mehr oder nur sehr sorgsam verändert werden. Das ist nahezu das ganze Zentrum, das mit seinem nach spanischer Manier streng geometrischen Plan den Grundriss der Inkastadt überlagert hat. Um den obligaten zentralen Platz mit seiner rustikalen alten Kathedrale und ihrem an Kuppeln reichen »neuen« Gegenstück ziehen sich ganze Häuserzeilen mit klobigen Anwesen aus der Kolonialzeit oder Bürgerhäusern im Jugendstil, dazu Patios und Gärten. »Wir sind ein altes Volk von Bauern, Hirten und Handwerkern«, hatte der Dichter Efraín Jara über die Menschen seiner Stadt geschrieben. Cuenca ist über die Jahrhunderte hinweg ländlich geblieben und den umliegenden Dörfern mehr verhaftet als Quito oder Guayaquil.

Cuenca: Kirche Santo Domingo ... ... und Blumenhändlerin (unten)

Arkaden, ziegelgedeckte Dächer, kopfsteingepflasterte Straßen, Gaslaternen: Cuenca, eine der bedeutendsten Städte des Andenraums, hat sich in einer Nische der Geschichte das Gepränge und die Stimmung einer spanischen Kolonialstadt nahezu unverändert erhalten. Weniger bekannt und weniger überlaufen als die Kolonialstadt von Quito, zieht Cuenca mit dieser als »Weltkulturerbe« gleich.

Rund um Loja – im Land der Mythen

Dieser Eindruck verstärkt sich noch südlich von Cuenca: Die Entfernung nach Quito wird nun nicht mehr in Straßenkilometern, sondern in einer geometrisch wachsenden Zahl von Reisestunden angegeben. Mit jeder überschrittenen Gebirgskette wird die Nabelschnur dünner, die mit dem modernen und realen Ecuador verbindet. An seine Stelle tritt das Grenzland, das reich an Mythen ist. Da sind die Geschichten über Naún Briones, jenen legendären Banditen der 1930er Jahre, eine Art ecuadorianischer Robin Hood, der Priester, Polizei oder Militärs bestach oder ermordete. Der »Mann ohne Gesicht« konnte erst gefasst werden, als er seine Täler im Gebirge verließ, um Quito kennen zu lernen.

Röcke mit buntem Saum trägt man in Cuenca

Da sind die Geschichten über Vilcabamba, dem »Tal der Hundertjährigen«, das immer noch ewige Jugend verheißt, obwohl die entsprechenden statistischen Daten schon lange als fehlerhaft und falsch entlarvt worden sind. Da sind die Geschichten von Goldlagern, die bis heute unzählige Menschen in die Gegend um Zaruma und Zamora treiben.

Loja: mit der Gitarre in Kneipen Geschichten erzählen

Die Hauptstadt dieser unglaublichen Provinz ist Loja – eine Stadt, in der von alters her jede Familie einen oder zwei Musiker, Dichter und Liedermacher aufzuweisen hat. Eine Stadt, in deren Kneipen die Gäste ihre Gitarre mitbringen – oder auch zwei oder drei, für den Fall, dass man jemanden zum Zusammenspiel findet. Eine Provinzhauptstadt, die – obgleich eine der kleinsten des Landes – zwei Universitäten aufzuweisen hat. Eine Stadt, die vor keiner anderen zurückstehen muss, warum sollte sie auch?
Den Malácatos, ihr Flüsschen, nennen die Lojanos ihre »Seine«. Und tatsächlich erinnert es durch seine hohen gepflasterten Ufer, durch seine eisernen Geländer und Laternen an den Pariser Fluss – vor allem wenn, wie so oft, dichter »Londoner« Nebel die Stadt einhüllt.

Die Laguna Torreadora im Nationalpark von Cajas zeigt unwirkliche Páramo-Heiden

Es gibt auch Wanderwege im Park von Cajas

Korbflechten in Chordeleg, einer Stadt der Cañar

Abends, wenn das trübe Licht der Gaslaternen die niedrigen Häuser beleuchtet und in den Straßen die Schritte hallen, wird die Illusion zur Wirklichkeit: Unweit der Kathedrale ein einsamer Lichtfleck – eine Kneipe, die natürlich »Rincón de Francia« heißt, französisches Eck. Der Wirt, zugleich Galerist und Professor für Kunst an der hiesigen Universität, bittet den Fremden sofort an den Tisch, denn er hat einige Goldgräber aus Zamora zu Gast. Die packen tatsächlich ihre Gitarren aus, um Balladen über den Banditen Naún Briones zu singen. Märchen? Wirklichkeiten? Magie der Anden ...

Ambato

Karte: Seite 112/113, Planquadrat E 3/4.

Anreise: Flugverbindungen mit Quito und Guayaquil. Viele Busse auf der bis Alausí gut ausgebauten Panamericana. Zug von Quito fragwürdig.

Unterkunft: Bestes Haus am Platz ist das Hotel »Ambato« (Rocafuerte / Guayaquil, Tel. 827598) mit Kasino und gutem Restaurant; zu empfehlen ist auch die »Villa Hilde« (Miraflores, Tel. 840700).

Essen: Ein Erlebnis ist das riesige »El Alamo« in der Calle Sucre. Ansonsten viele Imbissstuben und Chifas.

Sehenswürdigkeiten: Das Museo de la Fotografía, Botánico y Zoológico am Parque Cevallos zeigt archäologische Funde, ausgestopfte Tiere, Monster, Fotos (tgl. 8–14 Uhr). In den Wohnhäusern zweier berühmter Schriftsteller der Stadt das Museo Quinta Juan León Mera (Av. de los Capulles, Di–So 8–12, 14–18 Uhr) und das Museo Quinta Casa de Juna Montalvo (Montavo / Bolívar, Di–So 9–12, 14–18 Uhr). – An der Plaza 12 de Noviembre findet täglich, vor allem montags, der größte Gemüse- und Obstmarkt Ecuadors statt.

Ausflug: Am Sonntagmorgen lohnt ein Besuch des Marktes von **Salasaca** (Richtung Baños). Das gleichnamige Indianervolk verkauft hier Webarbeiten, auch seine pittoreske Tracht.

Auskunft: Cetur, Rocafuerte / Guayaquil am Hotel Ambato.

Baños

Karte: Seite 112/113, Planquadrat E 4.

Anreise: Busse von Ambato alle 30 Min., direkte Busse von Quito etc. seltener.

Unterkunft: Das beste Hotel liegt außerhalb an der Straße nach Runtun: »Luna Runtun« (Tel. 740882). Im Ort selbst sind die besseren Hotels »Villa Gertrudis« (Tel. 740441) und das etwas verstaubte »Palace« (Tel. 740440). Viele kleine Hotels, wie »Café de Cultura« (Tel. 7404219), »Marqués« (Tel. 740053), das empfehlenswerte »Plantas y Flores« (Tel. 740044), liegen dicht bei Wasserfall und Bädern.

REISE-INFO SÜDLICHE ANDEN

Essen: Angesagter Treffpunkt ist das »Café Hood« (Martínez / Alfaro) mit Filmvorführungen, vegetarischer Küche, Zeitungen etc.; eleganter das französische »Petit Restaurant« (16 de Diciembre / Montalvo). Vor allem in der Calle Ambato: Chifas, Pizzerias und ecuadorianische Küche.

Unterhaltung: Beliebt ist das »Hard Rock Café«; aber es gibt an jeder Straßenecke auch ruhige Bars.

Sehenswürdigkeiten: Man geht in die Bäder Piscina de la Virgen und Santa Clara, beide in der Nähe des Wasserfalls. In der Kirche viele Votivtafeln und große Gemälde zu Vulkanausbrüchen. Anfang Oktober eine Prozession durch die Stadt mit einer Marienstatue; die Geschichte der Marienverehrung erläutert das Museo del Santuario de la Virgen de Agua Santa (Calle Ambato 2840, tgl. 7–12, 14–18 Uhr).

Ausflüge: Zoo in der Pastaza-Schlucht (Bus vom Stadtzentrum); ein weiteres heißes Schwefelbad in dem Ort El Salado (zu Fuß oder per Taxi). Vom Kreuz Bellavista auf den Abhängen des Tungurahua (von der Calle Maldonado) fotogener Blick auf Baños. Fahrt in Richtung Puyo per Bus oder Fahrrad: Nach etwa 20 km zweigt ein gut gekennzeichneter Fußweg zum Pailón del Diablo ab, einem eindrucksvollen Wasserfall. Am Zielort Puyo lädt man das Fahrrad auf den Gepäckträger eines der vielen Busse.

Cuenca

Karte: Seite 112/113, Planquadrat G 3.

Ambulanter Händler auf dem Zugdach

Anreise: Mit Quito und Guayaquil regelmäßige Flugverbindungen. Busse in und von allen Richtungen mehrmals tgl.

Unterkunft: Viel für's Geld bietet »Italia« (Sangurima/Huayna Capac, Tel. 840060), sogar eigene Parkplätze. Teurer das »Oro Verde« (Ordoñez / Lasso, Tel. 831200, E-Mail ecovc@gye.satnet.net) und »Crespo« (Calle Larga 793, Tel. 827857). In der Altstadt »El Inca Real«, ein renoviertes Kolonialhaus (Torres / Sucre, Tel. 823636). »Größtes« der vielen kleinen und preiswerten Hotels der Altstadt ist das bei Rucksackreisenden beliebte »Milan« (Córdoba / Padre Aguirre, Tel. 831104).

Essen: Man versuche es mit dem »El Tequila« (Gran Colombia 2059), wenn man lokale Küche versuchen will; Pizza gibt es bei »Los Pibes« (Gran Colombia 7-78); die Chifa »Pak-How« (Córdoba 7-34) gilt als das beste chinesische Restaurant der Stadt. Im Café-Restaurant »Raymipampa« (Benigno Malo, bei der Kathedrale) kann man in einem grünen, sonnendurchwärmten Patio frühstücken.

Sehenswürdigkeiten: Die neue Kathedrale (1885–1967) mit ihren blauen Kuppeln ist das Wahrzeichen der Stadt; die gegenüberliegende alte Kathedrale (ab 1557) ist leider immer geschlossen. Verschiedene alte Häuser mit schönen Innenhöfen schmücken die Calle Larga am Ufer des Tomebamba, an deren östlichem Ende unauffällige Reste der alten Inka-Festung zu sehen sind. Ihr Zentrum, der Pumapungo, befand sich an einer Stelle, die heute hinter dem Gebäude des Banco Central liegt.

Museen: Besonders eindrucksvoll das Museum der Banco Central (Calle Larga / Huayna Cápac; Mo–Fr 13–16 Uhr) mit Relikten aus der Inkazeit und einem Modell des heiligen Bezirks, außerdem Exponate über Trachten und Feste des Andenraumes und eine wertvolle Sammlung von Gemälden der Quito-Schule. Das private Museo de las Culturas Aborígenes in der Neustadt (10 de Agosto / Sanchez; tgl. 8–12, 14–18 Uhr) enthält eine einmalige Sammlung archäologischer Funde Ecuadors.

Markt: Donnerstags ist Markt in verschiedenen Stadtteilen; er ist für die Einheimischen, Ausnahme: Mercado San Francisco (Torres / Córdoba).

Ausflüge: Ein »Muss« ist der Besuch der einzigen erhaltenen Inka-Festung des Landes, **Ingapirca**, die die fugenlose Bauweise der Inka-Baumeister zeigt (60 km nördl., abseits der Panamericana, direkte Busse); es gibt dort auch ein Museum (Di–So 9–17 Uhr).

Information: Cetur, H. Miguel / Córdova, Tel. 831414.

Latacunga

Karte: Seite 112/113, Planquadrat E 3/4.

Anreise: Häufige Busse, da an der viel befahrenen Panamericana.

Unterkunft: Vor allem für Durchreisende empfiehlt sich das direkt an der Panamericana gelegene Hotel »Latacunga« (Tel. 802372); das bessere Hotel in der Stadt ist das »Rodelu« (Quito 73-31, Tel. 800956); eine preiswerte Pension mit hübschem Patio ist das »Estambul« (Belisario Quevedo / Salcedo, Tel. 800354).

Essen: In der Innenstadt (Calle Quito) gibt es viele Imbisslokale wie das »Pinguino«; soll es etwas besser (und teurer) sein, so geht man in die »Parillada Los Copihues«, wo man sich an Fleisch satt essen kann.

Sehenswürdigkeiten: In der Casa de Cultura gibt es gelegentlich Ausstellungen über die indianische Folklore der Region; der Markt von El Salto ist vor allem samstags sehenswert. Höhepunkt des Jahres ist das Fest der Virgen de la Merced, das am 24. September gefeiert wird.

Ausflüge: Nördlich von Latacunga, nahe des Dorfes Lasso, zweigen zwei Straßen zum **Nationalpark Cotopaxi** ab, einem der besterschlossenen des Landes. Man kann mit Mietwagen oder Taxi durch typische Páramo-Landschaft zu einem See und bis zur Schutzhütte (4800 m) fahren; wegen der hohen Eintrittsgebühren sollte man morgens anreisen.
Auf der anderen Seite der Panamericana liegt, wenige Kilometer abseits, das Dörfchen **Saquisilí** (E 3), dessen noch sehr ursprünglicher Donnerstags-Markt inzwischen landesweit bekannt ist.

Fugenlos: die Steintore von Ingapirca

Loja

Karte: Seite 112/113, Planquadrat H 3.

Anreise: Die Panamericana ist ab Alausí in keinem guten Zustand; dennoch Busse von und in alle Richtungen; Informationen am Terminal Terrestre.

Unterkunft: Zu beiden Seiten des Río Malacatos finden sich zwischen den Straßen 10 de Agosto und Rocafuerte 10 Hotels und Pensionen zum Aussuchen: vom Mittelklasse-Hotel »Vilcabamba« (Tel. 673131) bis zum freundlichen und preiswerteren »Quinara« (Tel. 570785). Auch die Jugendherberge (18 Noviembre / Riofrío) ist nicht weit entfernt.

Essen: Im ältesten Haus Lojas, in der ältesten Straße, im »Rincón de Francia« (Bernardo Valdivieso 6-50) gibt es auch Ausstellungen.

Sehenswürdigkeiten: Der Ort selbst, vor allem abends im Licht der Gaslaternen. Die Archäologie und Geschichte der Region wird im Museo del Banco Central präsentiert (10 de Agosta 1330, Mo–Fr 8–12, 13–17 Uhr).

Fest: Jährlich 2. Augusthälfte Prozession der Virgen del Cisne aus **Cisne** (H 2) über 70 km nach Loja, sie kehrt am 1. November nach Cisne zurück. Beide Prozessionen sind die größten im Andenraum. Die Geschichte der Wallfahrt wird dargestellt im Museo Diocesano de Arte Religioso Nuestra Señora des Cisne im Kloster (Di–So 8–12, 13–17 Uhr).

Ausflüge: 62 km nördlich streift die Panamericana das Tal der Saraguros, eines Indiovolkes, das für seine elegante schwarze Tracht bekannt ist; schön der Sonntagsmarkt im Ort **Saraguro** (H 3).
In südl. Richtung erreicht man nach 40 km das idyllische Tal und Dorf von **Vilcabamba** (I 3), wo viele Menschen über hundert Jahre alt werden sollen. Empfehlenswert das Hotel »Madre Tierra« (Tel. 673123, P. O. Box 354, Vilcabamba).

Information: Cetur, Valdivieso / 10 de Agosto.

Riobamba

Karte: Seite 112/113, Planquadrat F 3.

Anreise: Busse in großer Zahl – die Stadt liegt an der Panamericana.

Unterkunft: Hervorzuheben sind »Los Shyris« (Rocafuerte / 10 de Agosto, Tel. 960323) und das auf Zugreisende eingestellte »El Tren Dorado« (Tel. 964890).

Essen: Das »Tren Dorado« hat auch ein akzeptables Restaurant. Wirklich zu empfehlen ist das »El Delirio« (Primera Constituyente / Rocafuerte), das in einem alten Haus mit Innenhof gute ecuadorianische Gerichte anbietet.

Sehenswertes: Ausblick auf die Vulkane Chimborazo, Altar und Tungurahua vom Loma de Quito im Parque 21 de Abril. Samstags bei der Kathedrale und in Calle 5 de Junio ein Kunstgewerbemarkt, u. a. Hut-Fabrikation und -Reparatur.

Information: Cetur, 10 de Agosto / 5 de Junio, Tel. 941213.

Kein Stil, aber eindrucksvoll: die Kuppeln der Neuen Kathedrale von Cuenca

Markttag in Latacunga: Zum Gemüse gibt es ein Henkelkörbchen

Meerschweinchen vom Grill in Baños

Saquisilí: jedem seinen Hut

Feste und Märkte sind mehr, als ihr Name ankündigt: Es sind die wichtigsten Ereignisse im Alltag der Landbewohner. Man besucht sie familienweise, in der Tasche das angesparte Geld, mit dem man sich ein gutes Essen vom Rost oder aus dem großen Eintopf leistet, die Familie einkleidet und möglichst auch Schneider und Friseur besucht. Gratis gibt es dazu die neuesten Nachrichten aus Dorf, Land und Welt.

Die Nüsse der Tagua-Palme sind Rohstoff für Schnitzereien aller Art

Unterwegs im Schatten der Illinizas: Herde und Hirten

Im Regenwald dem Jaguar auf der Spur

Fotos: Touristen sollten sich einer Regenwaldführung anschließen und nicht allein das Dschungelabenteuer suchen.

In keinem anderen Land ist es leichter, das Amazonasbecken zu erreichen, das größte Flusssystem der Welt. Schon wenn man den Andenabbruch erreicht, verliert sich der Blick im Grenzenlosen, in einer Welt aus Bäumen und Flüssen mit unvorstellbar reicher Flora und Fauna: die grüne Lunge der Welt. Sie ist ebenso gefährdet wie ihre Einwohner.

Flüsse als Straßen: der Aguarico durchschneidet den Nationalpark von Cuyabeno

In Coca erreicht der Río Napo, Hauptfluss des ecuadorianischen Amazonas-Gebietes, beeindruckende Dimensionen: Nachdem er sich mit dem Río Coca vereinigt hat, schieben sich gewaltige Massen von braunem Wasser an dem Ort vorbei, so dass das gegenüberliegende Ufer nur noch als Vegetationsstrich erscheint.
Coca ist für Flussschifffahrt ideal gelegen und war einmal einer der wichtigsten Häfen der Amazonasschifffahrt. Damals, vor hundert Jahren, fuhren von hier Schiffe nach Iquitos und Manaus, auf dem Kai stapelten sich Rohgummiballen, Reissäcke und Tierhäute, Herren in weißen Leinenanzügen und Damen mit leichten Sonnenschirmen warteten auf ihre Reise in die Welt. Vergilbte Fotos erinnern an diese Zeit – geblieben davon sind: einige Landungsstege, ein verwaister Pavillon, in dem ein Fremdenverkehrsbüro saß, und, als wichtigstes Attribut, eine Capitanía de Puerto, ein militärisch organisiertes Hafenamt.

Doch es gibt nicht mehr viel zu tun für die Capitanía seit selbst der tägliche Bootsverkehr flussaufwärts nach Misahuallí eingestellt wurde, da die meisten Passagiere die 8-stündige Busfahrt auf erbärmlich schlechter Piste einer Bootsfahrt von gleicher Dauer vorziehen. Es bleibt der Verkehr in die umliegenden

Geringere Strömung in Ufernähe

Dass die vier größten Naturschutzgebiete Ecuadors in der Amazonas-Region liegen, hat gute Gründe: Hier findet sich nicht nur die größte Dichte an Pflanzen- und Tierarten, sondern auch ein sehr empfindliches ökologisches Gleichgewicht, das schon durch vorsichtige Nutzung bedroht wird. Auch Regenwaldböden, die wieder aufgeforstet wurden, bleiben Wüsten, denn die tropischen Böden sind arm, und ihre Fülle beruht auf einem in Jahrmillionen entstandenen Austausch aller Lebensformen.

Am Fuße eines Ceiba-Baums (unten)

Im Podocarpus-Nationalpark: montaner Regenwald

Dichte Vegetation an ruhigen Gewässern

Dörfer, und – als Höhepunkt der Woche – montags ein Boot, das flussabwärts nach Nuevo Rocafuerte fährt.

Seit Ecuador 1942 den größten Teil seines Amazonasgebietes an Peru verlor, ist dieses Nuevo Rocafuerte der östlichste Ort Ecuadors, ein einsamer Außenposten, den man nur über eine 14-stündige Flussfahrt erreicht. Was dahinter liegt, gehört schon zu Peru. Aber auch Kolumbien ist dann nicht weit. Nicht ohne Grund bemüht sich die Hafenpolizei am Abfahrtstag des Bootes persönlich zum Bootssteg: Die Gegend um das Dreiländereck ist wenig geheuer, und so hat man ein Auge auf den Verkehr, der in diese Richtung geht.

Mal nicht im Blumentopf: Helikonie

Orellana und seine Gesellen eroberten das Amazonasbecken

Wäre da nicht ein Denkmal, man sähe es dem Flusshafen von Coca nicht mehr an, dass er schon vor viereinhalb Jahrhunderten Geschichte gemacht hat: Weihnachten 1541 war von hier aus Francisco de Orellana, Freund und Weggefährte von Pizarro, aufgebrochen, um ein Unternehmen zu vollenden, an dem auch der Eroberer von Peru gescheitert war. Nämlich die Durchquerung des Kontinents, die Entdeckung eines bis zur brasilianischen Küste reichenden Flusssystems – des heutigen Amazonasbeckens. Hätte Orellana jemals erfahren, dass seine neunmonatige Parforce-Reise die Grundlagen für eine geografische Erfassung Südamerikas gelegt hat, und dass Coca ihm zu Ehren offiziell seinen Namen (Puerto Francisco Orellana) trägt, so hätte ihn dies sicher amüsiert. Er war kein Entdecker wie Livingstone, sondern ein mit einem robusten Naturell ausgestatteter wüster Geselle, der auf Gold und Gewürze aus war.

Dafür war kein Preis zu hoch; schon auf der kurzen Strecke vom Hochland bis zum heutigen Coca hatte er 4000 der ihn begleitenden Hochlandindianer »verbraucht«, und auf dem weiteren Weg ließ er kein Indianerdorf ungeschoren, wenn er Träger, Nahrung oder Frauen brauchte. Indianer waren zu jener Zeit der unerschöpfliche »Rohstoff« eines Kontinents, dessen Inneres außer Bäumen und Mythen wenig zu bieten hatte. An einigen hatte Orellana selbst kräftig mitgewirkt: Da ist etwa die Geschichte des El Dorado, des sagenhaften Indianer-»Königs«, der über und über mit Gold bedeckt gewesen sein soll; oder die schon seit Hunderten von Jahren lebendige Geschichte von den Amazonen, diesen kriegerischen Frauen, die ganz auf Männer verzichten können – ein Albtraum für einen Macho wie Orellana.

Heißes Pflaster: die Boomtown Lago Agrio

Seit den 1960er Jahren hat der Oriente eine neue Metropole bekommen, die sowohl seinem Ruf als auch seiner neuen wirtschaftlichen Bedeutung ent-

Stattlich: ein Haus der Cofán-Indianer am Aguarico

spricht: Lago Agrio. Ebenso wie im Fall von Coca lautet der offizielle Name der Stadt anders, nämlich Nueva Loja. Doch der Name, der »Saurer See« bedeutet, den ihr die Erdölarbeiter in freier Übersetzung des Namens der texikanischen Erdölstadt Lake Sour gegeben haben, setzt sich jetzt auch auf Busschildern und Landkarten durch. Zwar gibt es weit und breit keinen See, dennoch trifft dieser Name die Stadt doch recht gut.

Sie ist eine aufgeplusterte Goldgräbersiedlung, Häuser und Hütten nach Belieben gebaut, Straßencafés, einige schäbige Kneipen und Diskos, eine Hauptstraße, auf der abends Pick-ups mit Erdölarbeitern auf und ab fahren. Im Straßenrestaurant des Hotels »Guayacamaya« kann man bis spät in die Nacht Essen bekommen, umlagert von Schuhputzerjungen, die den Gästen ein Stück Fisch oder Beilage vom Teller zu stibitzen versuchen und, von den Kellnern verfolgt, johlend flüchten.

Die alltäglichen Regengüsse lassen den Schlamm von den Gehwegen und Seitenstraßen in alle Richtungen spritzen. Lago Agrio hat auch in Ecuador keine gute Presse – »eine vernachlässigte Stadt« heißt es, »unkontrollierbar, ohne Bürgersinn«. Man kommt hierher, um Geld zu verdienen, und die Grenzen zwischen legal und illegal verwischen sich leicht.

Hinter der nahen Grenze sitzen Kolumbiens Guerilleros

Einige Dutzend Kilometer im Norden verläuft die grüne Grenze nach Kolumbien. Hier hat die FARC, eine Guerillaorganisation, das Sagen. Schmuggel ist alltäglich; die FARC-Männer kommen bis in die Stadt, um sich zu versorgen. Auch wenn sie versuchen, nicht aufzufallen und ihr Rückzugsgebiet »sauber« zu halten, kam es 1999 zu einigen Entführungen von Erdölarbeitern nach kolumbianischer Manier.

Die Touristen merken höchstens, dass die Preise höher sind als anderswo und die Stimmung in einer vielleicht romantischen Weise merkwürdig ist. Doch man bleibt nicht in Lago Agrio: eine, höchstens zwei Nächte, um sich zu einem Bohrloch fahren zu lassen oder um einen Regenwald-Trip zu organisieren: Richtung Cuyabeno, einem der wichtigsten Naturreservate von Ecuador, ist man etwa eine knappe Tagesreise auf der Straße und auf dem Fluss Aguarico unterwegs. Die wegen ihrer zahlreichen Lecks berühmt-berüchtigte Trans-Anden-Pipeline begleitet den Regenwaldsüchtigen noch ein gutes Stück, und allenthalben gibt es Militärkontrollen, doch wenn man den Aguarico und den Cuyabeno erreicht hat, ist die Welt wieder in Ordnung.

Nachts im Dschungelschutzgebiet: Kaimane gucken

Das Boot tuckert verhalten am nächtlichen Ufer das Aguarico entlang. Der zittrige Lichtkegel eines starken Handscheinwerfers wandert die Böschung entlang und bleibt plötzlich stehen; acht Augenpaare, die mitgewandert waren, schauen angestrengt auf den angeleuchteten Fleck: Wasser, angeschwemmtes, Holz, überhängende Sträucher und dazwischen tatsächlich zwei rötliche Augen – ein Kaiman, wie immer den Kopf dem Wasser zugewandt.

Ein Zeichen des Führers, das Boot dreht bei und treibt dem Ufer zu, an dem das Reptil Gestalt annimmt: In Bewegungslo-

Touristenfahrt: Zwei wackelige Einbäume sind ein stabiler Katamaran

Ohne einen erfahrenen Führer wird man nicht viele Tiere im Regenwald sehen: Sie leben weit verstreut, gehen dem Menschen aus dem Wege und tarnen sich gut. Vögel und Affen machen selbst auf sich aufmerksam und sind die wahrscheinlichste Fotobeute; auch Reptilien wird man zu sehen bekommen, Raubkatzen mit Sicherheit nicht.

Preiswert: die Inlandsfluglinie Tame auf dem Rollfeld von Lago Agrio

Schaukeln über dem Abgrund: ein roter Brüllaffe

Eine Landestelle der Cofán-Indianer

sigkeit erstarrt, möchte es den Betrachter noch immer überzeugen, dass es eigentlich ein Ast ist. Wäre das ein anderes Boot und wären wir nicht im Reservat Cuyabeno, so wäre jetzt ein fester Griff in den Nacken oder ein Harpunenwurf an der Reihe. Bedrohte Art oder nicht, der Kaiman würde ins Boot geholt und, wie viele seiner Artgenossen, der Handtaschen-Industrie geopfert. So aber ziehen Lichtkegel und Boot weiter, und der kleine Kaiman bleibt im Dunkeln zurück.

Das Ausleuchten von Kaimanen an den Flussufern ist eine der leichteren Übungen für die Naturführer, und gelegentlich bringt es auch unerwartete Erfolge, denn die Augen aller Nachttiere reflektieren das Licht. Tags hat man selten so viel Glück, denn die meisten Waldtiere sind scheue Einzelgänger, die sich gut zu tarnen wissen. Das Kapital eines guten Führers ist seine Kenntnis des Terrains und seiner Bewohner: Er kennt jeden Baum, er weiß, welche Früchte wo wachsen und wann sie reif sind und welche Tiere davon und zu welcher Tageszeit angelockt werden. Er zeigt den abgestorbenen Palmstumpf, in dem kleine grüne Brillenpapageien nisten und weiß, dass sie abends zu Hause sind.

Und warum trägt dieser einzeln stehende Baum als Einziger die Last der hängenden Nester, die die Webervögel zur Brutzeit bauen? Der Führer deutet auf einen weißgrauen Ballen in einer Astgabel: ein Wespennest, das kleine und große Raubtiere unweigerlich vertreibt. Andere Entdeckungen hängen von der Beobachtungsgabe und dem Glück des Führers ab: der Ameisenbär, der sich kurz zwischen Baumstämmen zeigt, die Hoatzin-Hühner, die schwerfällig und laut in dem Mangrovenbusch klettern oder gar die Harpyie, der Riesenadler der Regenwälder, der bei Sonnenuntergang zum Flussufer heruntergekommen ist.

Je nach Höhe gestaffelt: viele Lebensräume im Regenwald

Sicherlich gibt es auch Waldbewohner, die in lärmigen Banden zusammenleben: Rote Aras wechseln kreischend in großer Höhe ihr Quartier, Brüllaffenbanden sind kaum zu überhören, doch in welcher Baumkrone sitzen sie? Enttäuscht werden die Fotoapparate wieder gesenkt angesichts der Erkenntnis, dass der Regenwald auch in der Höhe viele Lebensbereiche bietet. Ausgerechnet der Boden, an den der über Wurzeln und andere Hindernisse stolpernde Mensch gebunden ist, bietet außer schmerzhaft beißenden Riesenameisen nicht viel Aufregendes.

Licht ist im düsteren und nährstoffarmen Urwald die wichtigste Energiequelle, und so entsteht eine Hierarchie verschiedener Etagen – jede für sich ein Lebensraum. Das oberste Stockwerk bilden die Baumriesen, die so weit in den Himmel wachsen, dass man wohl ihren gewaltigen Stamm, aber kaum jemals ihre Krone zu Gesicht bekommt; darunter, als mittlere Ebene, die 30 bis 45 Meter hohen Bäume, die ein geschlossenes Laubdach bilden; wieder eine Stufe niedriger die Jungbäume, die um einen Platz an der Sonne kämpfen. Ganz unten schließlich der wenig bewachsene Boden, übersät von Laubresten, Ästen und gestürzten Stämmen.

Río Pacuyacu: Schwimmen im dicht bewachsenen Regenwaldfluss, ein eigentümliches Vergnügen

Für den Eindruck eines »undurchdringlichen« Gewirrs sind Hunderte von parasitären Pflanzen verantwortlich, die die Baumriesen dazu benutzen, um ebenfalls an das Licht zu kommen: die Epiphyten, die sich in Astgabeln einnisten und durch ihre fantastischen Blüten begeistern, oder die vielen Lianen-Arten, die ihre Wirtsbäume zu erdrücken drohen. Faszinierend in ihrer »Heimtücke« ist die Würgefeige, die darauf baut, dass Wind und Vögel ihre Samen in die Baumkronen tragen. Dort keimen sie und wachsen, den Stamm mehr und mehr umschließend, nach unten, bis sie den Boden erreichen. Ist der Wirtsbaum tot, steht die Würgefeige selbstständig auf dem Boden, nun selbst ein potentielles Opfer neuer Schlinggewächse.

Cascada Chismosa – ein Wasserfall im Podocarpus-Nationalpark

Im Regenwald: Luxus-»Flotel Orellana« ... ... und Trecking (unten)

Was droht dem unerfahrenen Regenwaldbesucher? Schwimmen unter Piranhas ist – auch wenn Hunderte von Schauerfilmen das Gegenteil behaupten – fast immer gefahrlos; auch Raubkatzen gehen jedem unangenehmen Zusammentreffen aus dem Weg, und Schlangenbisse handelt man sich nur ein, wenn sich ein aufgeschrecktes Tier bedroht fühlt. Weniger vorbereitet ist man auf das Berührungsgift der winzigen bunten Frösche, doch es verursacht meist nur Irritationen, ebenso wie viele lästige Insektenarten. Die Hauptgefahr auf Regenwaldwanderungen ist, dass man in unwegsames, sumpfiges Gelände gerät und sich verirrt.

Puma, Brillenbär und andere Seltenheiten im tropischen Bergwald

Die von Filmen und Abenteuerbüchern genährte Fantasie vom »Dschungel«, durch den man sich mit Macheten den Weg bahnt, gilt eher für besondere öko-

Achiote-Samen – ein indianisches Färbemittel

logische Nischen wie Flussufer oder Lichtungen oder die verschiedenen Vegetationsstufen der tropischen Bergwälder, wo Öffnungen oder Schräglagen sich dem Lichteinfall darbieten.

Auch wenn Ecuador den größten Teil seines Amazonas-Tieflandes verloren hat – mit dem Andenabhang, dem Übergang vom Páramo zum Nebelwald und den Varianten des tropischen Bergwaldes ist eine ökologische Preziose geblieben: Wasserfälle und klare Bäche unter dichtem Blätterwald, morgendlicher Nebel und Taufrische, die in Riesenfarnen und niedrigem Buschwerk hängt. Hier ist die Heimat von Jaguar und Puma, vom Páramo-Fuchs und seltenem Brillenbär. Und von unzähligen Vogelarten, die den rot-bunten Andenhahn und verschiedene Eulenarten ebenso einschließen wie Tukane und Kolibris.

Tropische Bergwälder sind viel schwerer zu erwandern als das amazonische Tiefland. Bergsteiger bewältigen den strapaziösen Aufstieg zu den Regelwaldvulkanen oder den Abstieg durch den Podocarpus-Nationalpark, der von dem südlichen Anden-Páramo bei Loja durch viele Vegetationsstufen hinunterführt zu den Goldgruben von Zamora. Der fast 900 000 Hektar große Podocarpus-Park – der Name erinnert an zwei Arten der niedrigen Steineiben, die es nur noch hier gibt – liegt in einem ökologischen Korridor, der Ecuador mit Peru verbindet, und ist das Ziel vieler, auch deutscher, Forschungsprojekte und daher relativ gut erschlossen.

Zamora liegt in der tropischen Bergwald-Zone

Zamora: Familienleben auf der Straße

In den Tiefländern des Nordens, am Aguarico, Cuyabeno und Napo, sind die Baumkronen mit ihren Früchten und Blättern ein besonders interessanter, da dicht bewohnter Lebensraum. Die größeren Touren-Veranstalter bauen daher Beobachtungstürme, auf denen man, in schwindelnder Höhe zwischen den Baumkronen sitzend, ein Stück des Tierhimmels genießen kann. Kleinere Unternehmer benutzen diese Türme mit, um auch ein Plätzchen an der Sonne des Tourismusgeschäftes zu bekommen. Das Gleiche gilt für die ausgebauten Wege, die vor allem in den von den jährlichen Überschwemmungen betroffenen Regionen zu aufwendigen Kunstwerken mit kilometerlangen Brückenbauten werden.

Badespaß im Río Zamora

Indígena-Gemeinschaften auf einem schwierigen Weg

Auch die Indanerdörfer unterhalten ihre Wege in den Wald. Legt ein Boot dort an, so wird es von einer kleinen Abordnung empfangen. Den Touristen zuliebe hat man die alten Umhänge, die Ara-Federn und Ohrschmuck angelegt, doch die Tradition ist sorgfältig eingegrenzt: keine Fotos, keine Spaziergänge im Dorf. Dafür steht ein eigens errichtetes Versammlungshaus bereit; hier gibt es einen kurzen Vortrag über den Alltag und die Nöte der Dörfer. Es folgt ein Rundgang durch den Wald, dabei erklärt der alte Schamane – der aber diesen Titel empört zurückweist – die Medizinpflanzen der Quichua. Zum Abschluss der Verkauf von indianischem Kunstgewerbe aus Samen, Nüssen und Piranha-Gebissen.

Die Älteren und die Regenwald-Führer haben sich diskret in den Hintergrund

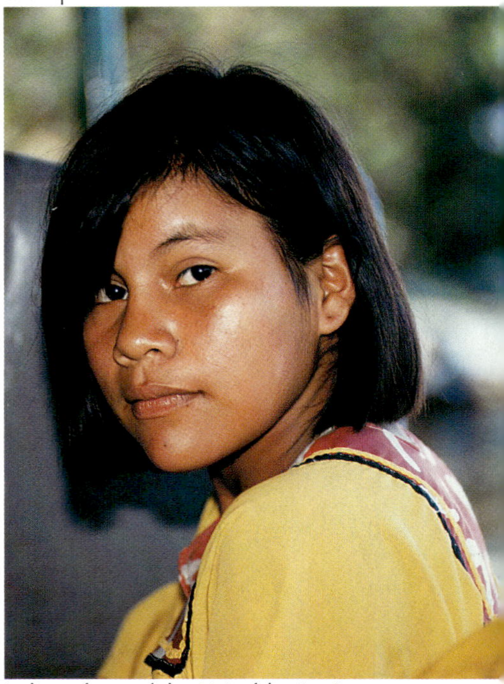

Indianerfrau auf der Heimfahrt im Bus

zurückgezogen. Es gibt genug zu besprechen: alltägliche Zwischenfälle, die Reparatur der Wege, das Eindringen fremder Tour-Veranstalter, aber auch Aufträge und Nachrichten.

Für die Indianer sind die regelmäßigen Besuche eine Öffnung nach außen, ein Anschluss an die »moderne« Welt, die im Austausch aber auch verlangt, dass die Indígena »echt bleiben« und alles Neue aus ihrer Kultur verbannen. Touristen in ihrem Dorf, das ist ein täglicher Balanceakt zwischen vielen Empfindlichkeiten – auch für den Touristen, der nur mit Mühe versteht, dass der sonst so geläufige Handel »Foto gegen Bakschisch« hier nicht gerne gesehen wird. Die »Besuchszeit« ist vorbei, und jeder zieht sich in seinen Bereich zurück.

Nachts in der Hängematte im Dschungel-Camp

Was wäre eine Regenwaldtour ohne das »Dschungel-Camp«, in dem man die Nacht und die Siesta verbringt? Rustikale, aber wohl durchdachte Einfachheit ist hier die Devise: ein erhöhter Boden, einige Pfosten, die das Palmblätterdach tragen, ein kleiner See oder Fluss anbei. Hier sitzen sie dann, die Regenwaldsüchtigen, unterhalten sich träge und lassen eine Schnur mit Haken in das Wasser hängen. Gelegentlich hängt ein bunter Piranha daran, zum Entsetzen derer, die auf Steinwurfweite baden, und zum Vergnügen der Betreuer, die wohl wissen, dass die Piranhas die Menschen ebenso scheuen wie umgekehrt.

Abends, nach der Kaiman-Tour, schaukelt man erfüllt und befriedigt in der Hängematte und träumt in einen strahlenden Sternenhimmel hinein. Von irgendwo her kommt der schlaftrunkene Schrei eines Vogels, vom Wasser hört man ein Platschen, und man fragt sich, ob dies das gleiche unbekannte Pelztier war, das schon morgens so eilig von einem zum anderen Ufer geschwommen war.

Gute Laune auch in »Uniformen«: Schulmädchen in Zamora

Wer ist ein Indianer in Ecuador? Die Mehrheit, die indianisch aussieht, wer eine indianische Sprache spricht, in einer »indianischen« Gruppe lebt? Die Definitionen sind fast beliebig. Sicher ist, dass die kleinen ethnischen Gruppen im Regenwald am meisten in ihrer Eigenart gefährdet sind, denn ihre Zahl ist gering und ihr Lebensraum durch Kriege und die Suche nach Rohstoffen ständig bedroht.

REISE-INFO *ORIENTE*

Größe: Die Oriente genannte Region im Osten der Anden umfasst 131 137 qkm, also etwa die Hälfte des ecuadorianischen Staatsgebietes, hier leben aber nur etwa 0,5 % seiner Einwohner.

Anreise: Mit dem **Flugzeug**: regelmäßige Flüge mit der Tame nach Lago Agrio, Coca und, weiter im Süden, nach Macas. **Autobusse** stellen täglich mehrmals Verbindung zum Hochland über die wichtigsten Pässe her: von Quito über den Papallacta-Pass nach Baeza und Lago Agrio; von Ambato über Baños nach Puyo und von Loja nach Zamora. Vor allem die Pässe nach Lago Agrio und Puyo führen durch landschaftlich großartige Flusstäler, so dass die Aussichten für die Strapazen entschädigen. Die bequemste Anreise führt über Puyo; allerdings liegt dieser Ort etwas abseits und ist daher unüblich.
Im Oriente sind alle Straßen abenteuerlich, vor allem, wenn es regnet; besonders schlimm sind die Strecken zwischen Coca und Tena sowie die Strecken südlich von Puyo. Die zuverlässigste Buslinie zum und im Oriente sind die Transportes Baños, die in allen größeren Orten vertreten sind.

Unterkunft: Der zunehmende Tourismus hat in allen größeren Orten das Hotelangebot wachsen lassen. In **Coca** (Karte Seite 112/113, Planquadrat D 5) liegt am Río Napo das gute Mittelklassehotel »La Mision« (Tel. 880544); man wird aber auch mit dem Hotel »Auca« (Tel. 880127) zufrieden sein. Östlich von Coca: Die gute »Sacha Lodge« veranstaltet auch Ausflüge (Positiv-Turismo, Quito, C. Voz Andes 699 / Echeverria, Fax 02-440698; oder Explorer Tours, Quito, C. Reina Victoria 1235 / Garcia, Tel. 02-508871, www.explore-net.net/explorer). Nicht weit auch die renommierte »La Selva Jungle Lodge«, ebenfalls mit Exkursionsangebot (La Selva, Qutio, Av. 6 de Diciembre 2816 / James Orton, Tel. 02-550995, Fax 567297, E-Mail laselva-@uio.sat-net.net). Luxus und Eiseskälte findet man in **Lago Agrio** (D 6) im »El Cofan« (Tel. 830009). Einfach, aber angenehm und vor allem zentral ist das Hotel »Guyacamayos« (Tel. 830601), zugleich eines der besten Restaurants des Ortes. Übernachten kann man in **Macas** (F 4) in verschiedenen kleinen Hotels; etwas besser ist das Hotel »Peñon del Oriente« (Domingo Comin / Amazonas); ein über die Stadtgrenzen hinaus bekanntes Restaurant: »La Marisqueria«. Bei **Misahuallí** (E 5) haben sich am Río Napo und auf seinen Inseln Hotels etabliert, die Vollpension und Regenwald-Touren bieten: die »Casa del Suizo« in Ahuano, die »Isla Anaconda« und das Hotel »Jaguar«. Bekannt ist das »Amazoonico«, das auch Touren anbietet (über Explorer Tours s. Coca »Sacha Lodge«). In **Puyo** (E 4) findet man nur einfachste Herbergen; eine Ausnahme bildet die deutsch geleitete Ferienanlage »Turingia«. In **Tena** (E 4) empfiehlt sich das Hostal »Travelers Lodging« (Tel. 886372) direkt an der Fußgängerbrücke, aber leider auch in der unmittelbaren Nachbarschaft einer Karaoke-Kneipe gelegen. Abgelegener und preiswerter ist das Hotel »Indiyana« (Tel. 886334). **Zamora** (H 3) bietet bescheidene Unterkünfte, als bestes Hotel am Platze gilt das »Maguna«, familiär geht es zu im Hotel »Seyma« (Tel. 605583).

Touren: Regenwald-Touren lassen sich nur über eine Agentur organisieren, die die Infrastruktur und vor allem einen sachkundigen Führer bereitstellt. Im Allgemeinen sind in dem Preis Übernachtungen und Verpflegung eingeschlossen, nicht aber die Eintrittsgebühr in National- oder sonstige Schutzparks, meistens sind es US-$ 20. Es empfiehlt sich, Einzelheiten genau zu besprechen und schriftlich zu vereinbaren.
Regenwald-Touren werden bereits in Quito in verwirrender Vielfalt angeboten. Wer nicht eine besondere Empfehlung hat oder eine renommierte (und teurere) Agentur wie Metropolitan Touring vorzieht, ist gut beraten, erst vor Ort, also in Lago Agrio, Coca, Tena oder Misuhuallí, zu buchen. Alle (oder die meisten) Touren bieten: Anfahrt mit Bus oder Taxi, Weiterfahrt mit einem Boot, Unterbringung in einem »Dschungel-Camp«, weitere Bootsfahrten (auch nachts), verschieden lange, geführte Wanderungen und der Besuch eines Indianerdorfes. Sofern man nicht ein ganz besonderes Interesse oder Lust zu langen Wanderungen mitbringt, sind drei, vier Tage vollkommen ausreichend.
Besondere Hervorhebung verdient das »Flotel Orellana«, ein schwimmendes Hotel, das seinen Standort am Zusammenfluss von Cuyabeno und Aguarico hat, den aber manchmal wechselt. Das »Flotel« bietet Bequemlichkeit und gute Küche, natürlich zu entsprechendem Preis (Vertrieb über Metropolitan Touring und Frobeen Erlebnisreisen s. S. 109 Reiseveranstalter).
In das Cuyabeno-Naturschutzgebiet führt Etnotour (Quito, Cordero 1313 / J.L. Mera, Tel. 02-230552).
Rafting-Touren auf dem Río Napo (auch Kajak-Expeditionen) veranstaltet Rios Ecuador (Tena, am Busterminal, Fax 06-887438, Quito, Fax 02-449182, E-Mail kayak@riosecua.ecuanex.net.ec).

Sehenswürdigkeiten: Wer sich über die vom Ölboom am meisten geschädigten Cofán-Indianer informieren will, sollte die Cofán-Gemeinschaft in **Dureno** (D 6) – am Aguarico hinter Lago Agrio gelegen – aufsuchen.
Wer nach **Macas** kommt, sollte sich die Kirche Virgen Purisima anschauen; das alte Städtchen selbst lohnt einen ausführlichen Spaziergang.
Um Indianer, ihre Lebensweise, Kultur und Wirtschaftsweise geht es in dem am Rande von **Puyo** untergebrachten Omaxaere-Projekt, zu dem eine im Nordwesten des Ortes gelegene Hängebrücke über den Fluss Puyo führt.
Auf einer Landzunge hinter der Fußgängerbrücke Isla Amazónica liegen in **Tena** ein landschaftlich schöner Tierpark und botanischen Garten; der Weg führt zum Ufer des Río Tena, in dem man baden kann. Gleich neben der Badestelle befindet sich ein Beobachtungsturm und Aussichtspunkt auf die Stadt. Ein Tagesausflug ist der Besuch des 11 km in nördl. Richtung gelegenen alten Städtchens Archidona mit den dahinter befindlichen Jumandi-Höhle (Cuevas de Jumandí), einem relativ großen Höhlennetz mit Tropfsteinsäulen.
Zamora, am südlichen Ende des Oriente gelegen und eher von Loja aus zu erreichen, ist auch eine alte Kolonialstadt, in deren Nähe bis heute Gold gefunden wird.

Bunte Souvenirs aus dem leichten, schwimmfähigen Balsaholz

Ecuador/Galápagos
Maßgeschneiderte Erlebnisreisen inszeniert wie spannende Filme
www.ecuador.de
KATALOG ANFORDERN!
info@frobeen.de
Termine mit Durchführungsgarantie ohne Mindestteilnehmerzahl
Frobeen
Erlebnis Reisen
Der Spezialist für Ecuador/Galápagos
Frobeen Erlebnisreisen GmbH
Richmodstraße 6 · D-50667 Köln
Tel.: 0221-92042-110 · Fax: 0221-92042-304
Das wohl umfangreichste Programm weltweit.

»Verzauberte Inseln« mitten im Pazifik

Gr. Foto: Meeresechsen gibt es nur auf den Galápagos-Inseln. Kl. Foto: Im Zodiak zum Landgang auf San Salvador (Santiago).

Auch wenn es ein paar Millionen Jahre dauert, bis eine neue vulkanische Insel sich aus dem Meer heraushebt und wieder vergeht – Inseln altern, Paradiese sind zeitlos. Freilich sind, trotz strenger Schutzmaßnahmen, die Galápagos-Inseln nur noch ein fehlerhaftes Paradies. Doch die Besucher sind begeistert von einer Tier- und Vogelwelt, die keine Scheu zeigt und offenbar gern vor Kameras posiert.

Das Schiff hat in der Punta Morena der Insel Isabela geankert. Angekündigt ist ein Landgang – »besonders schwierig«, heißt es dazu. Dennoch wollen fast alle Passagiere an Land. Die Begleiter führen Verbandsköfferchen mit – nicht zu Unrecht, wie sich schnell zeigt. Schon der kurze Anstieg von der Landestelle fordert die ersten Opfer durch Lava von der schlimmsten Art: brüchig, uneben und messerscharf. Jedes Stolpern und Hinfallen führt zu blutigen Fleischwunden.

Oben angekommen, eröffnet sich eine weite schwarze Lavaebene, begrenzt von zwei in der Sonne schimmernden Vulkanen. Weiße in Lavaspalten geschlagene Klötze weisen einen Weg, der ins Nirgendwo zu führen scheint. Die Menschenkette zieht über die Ebene, jeder versucht, seine Füße auf die sichere Trittstelle des Vordermannes zu setzen. Ist man mit dem brüchigen Element besser vertraut und wagt aufzublicken, wird einem schlagartig klar, warum man dies alles auf sich nimmt: Nie hat man, auch als beschlagener Reisender, je so eine in ihrer Einsamkeit und Unwirtlichkeit grandiose Landschaft erlebt – die Erde am Tage ihrer Schöpfung, unerfahrbar und unbeherrschbar.

An einer Stelle ist die Lava eingebrochen, Regenwasser hat sich gesammelt. In dem milchig grünen Weiher ziehen, undeutlich zu erkennen, große schwarze Fische ihre Bahn. Zwei Flamingos stehen im Wasser, Boten aus einer anderen Welt. Die durchstandenen Strapazen verstärken die Ahnung eines unerreichbaren Paradieses. Schweigend kehrt die Gruppe zurück. Niemand ist unbeeindruckt, doch das Erlebte lässt sich mit Worten schwer beschreiben.

Schriftsteller, Piraten, Walfänger und Sträflinge

Die Punta Morena ist ein extremes Beispiel, und sie wird, da abgelegen, auch nur selten angelaufen. Aber gerade deswegen ist sie ein Ort, an dem man Herman Melville zu begegnen glaubt: 1854 hatte der abenteuernde Schriftsteller ein Buch über die »verzauberten Inseln« herausgebracht – ein merkwürdiger Titel für die zehn langen Skizzen, in denen er die »Encantadas« als »fünfundzwanzig Haufen Kohleschlacken« und Orte »ausgesprochener Unbewohnbarkeit« darstellt. Und trotzdem, hinter dieser Einsamkeit

Puerto Ayora: Pelikane ruhen sich gern auf Booten aus

Zur Bahía Tortuga ist es eine Stunde Fußmarsch von Puerto Ayora

Von den ursprünglich 14 auf die verschiedenen Inseln verteilten Arten der Galápagos-Riesenschildkröte gibt es heute noch elf; einige davon sieht man nur noch in der Darwin-Forschungsstation auf Santa Cruz. Hier kann man die Unterarten miteinander vergleichen – doch die Tiere unterscheiden sich nur geringfügig in Größe und Panzerform. Der Laie wird die Tiere kaum auseinander halten können.

»Lonely George« ist der letzte Vertreter der Schildkrötenart der Insel Pinta

Luxuriös und sehr umsichtig organisiert sind die Galápagos-Kreuzfahrten mit der »Santa Cruz«

entdeckt er etwas, was ihn wie alle anderen dort Gestrandeten fasziniert: die Macht des scheinbar Gesetzlosen, das aber letztlich einer absurden Eigengesetzlichkeit unterworfen ist.

In den Jahrhunderten davor war der Archipel schlecht beleumundet. Seine ersten Besucher kamen von den Rändern der menschlichen Gesellschaft: Seefahrer, Piraten, Walfänger und Sträflinge. Diese Menschen entdeckten auf den Galápagos-Inseln nur schwarze Felsen, Buschdickichte, Scharen von Seevögeln, nichts, was man unmittelbar brauchen konnte. Höchstens die vielen riesigen Landschildkröten, aus denen man Öl kochte oder die, auf den Rücken gelegt und mit etwas Wasser begossen, lebenden Schiffsproviant darstellten.

Wer kommt noch mit auf den Landgang?

Als es noch Navigationskunst brauchte, den Archipel anzusteuern

Damals bedeutete das Wort »verzaubert« eher »verwunschen«: Schwer war es aufgrund der damaligen navigationstechnischen Fähigkeiten, die Inseln in den Weiten des Pazifiks überhaupt wiederzufinden. Zumal sie sich häufig hinter Wolken und Nebelbänken versteckten. Den tückisch-feuchten Winternebel, den Garúa, gibt es noch immer.

Doch 1832 hörte der Archipel auf, als herrenloses Gut im Pazifik zu driften: Ecuador nahm die Inseln unwidersprochen in Besitz. 1892 wurden sie zu Ehren des großen Seefahrers Kolumbus-Archipel genannt. Der wurde später geändert und heißt nun nach der Süßwasserschildkröte, galápago.

Eine wirkliche Zeitenwende kam für die Inseln erst während des Zweiten Weltkriegs, als die US-amerikanische Luftwaf-

Abwechslungsreiche Inselflur: Blick über die Insel San Bartolomé zur Insel San Salvador

fe, besorgt um den Schutz des Panama-Kanals, sich eine ganze Insel, Baltra, einverleibte, um dort einen auch heute überdimensionierten Flugplatz zu errichten. Tag und Nacht dröhnten dort die Flugzeugmotoren, und als die Amerikaner nach Kriegsende eher unwillig Baltra zurückerstatteten, war die Insel tot: ein nackter Block Lavagestein, gemieden sogar von den Seevögeln. Das Leben beginnt erst wieder hinter dem Kanal von Itabaca, auf der Insel Santa Cruz.

Flughafen und Kleinstadt machen Santa Cruz zur Hauptinsel

Der Flughafen, größter des Archipels, hat Santa Cruz endgültig zur Hauptinsel gemacht und Puerto Ayora, am anderen Ende der Insel, zur größten Kleinstadt im Umkreis von tausend Kilometern. Die Insel bietet sogar noch zwei weitere Dörfer, die man auf der Straße – mit 40 Kilometern die längste auf den Inseln – durchfährt. So kann man hier statt Seelöwen weidende Kühe und statt Fregattvögeln Hühner erleben.

Doch Santa Cruz widersetzt sich mit Wäldern von wohlriechenden Palo-Santo-Bäumen und den Opuntien genannten Kakteenbäumen der Entfremdung und Zerstörung. Sogar Riesenschildkröten gibt es noch in nennenswerter Zahl, obgleich über Jahrhunderte gerade hier die Öl-Kocher ihre furchtbaren Massaker veranstaltet haben.

Ob mit oder ohne Fotoapparat, der Mensch ist für die Seelöwen uninteressant

Auf der anderen Seite ist Santa Cruz bewohnbar geworden. Mehr noch: Puerto Ayora bietet internationales Flair im Nussschalen-Format. Jedes zweite Haus auf der Avenida Charles Darwin ist ein Restaurant oder Hotel, und abends wird sie zu einem Paseo, auf dem sich zwischen Kneipen und Parkbänken ein vielfarbiges Touristenvolk mit Soldaten der nahen Marinebasis und kichernden

Schulmädchen mischt. Puerto Ayora ist eine Insel auf der Insel, und auch schon ein Teil des Meeres, denn ohne den Hafen wäre die Stadt nicht da. Er ist der Mittelpunkt, Arbeitgeber und nicht zuletzt auch Trost.

Als Gegenstück zu den Felsen und der Öde im Rücken der Stadt liegen hier, über die Academy Bay verstreut, Schiffe und Schiffchen: Frachter, Fischerboote, kleine Beiboote, vor allem aber all die »Esmeraldas« oder »Tip Tops«, die Ausflugsboote für einen Tag oder eine Woche. Am Steg und in den anliegenden Kneipen sammeln sich die Rucksackreisenden, die nach Tagen des vergeblichen Wartens auf das tolle Last-Minute-Angebot nun versuchen, acht oder zwölf Individualisten zu einer Gruppe zu machen, die acht Tage Reise zwischen Meer und Inseln übersteht.

Von »Hot Spots«, alten und jungen Inseln

Aus der Perspektive seines eigenen Erdenlebens mag es dem Besucher unerheblich erscheinen, dass die Inseln nicht gleich alt sind. In konkreteren Relationen ausgedrückt: Die südöstlichste Insel, La Española, ist mit etwa 3,5 Millionen Jahren etwa fast fünf Mal so alt wie die großen Inseln Isabela und Fernandina im Westen, die mit etwa 700 000 Jahren erdgeschichtlich noch Babys sind, geboren unter den Wehen von Erdbeben und Feuersglut zu einer Zeit, die schon im Erinnerungsvermögen der Menschen liegt. Und unter dem Meeresboden weiter westlich sind weitere Inseln angelegt, die eines sehr fernen Tages über die Wassergrenze nach oben kommen werden, während La Española zerbröckeln und versinken wird wie schon zuvor andere Inseln, deren Spuren östlich davon noch auszumachen sind.

Vereinfachend könnte man sagen, dass der Archipel unendlich langsam vom Kontinent weg wandert. Aber natürlich sind es nicht die Inseln, die wandern, sondern ein Nazca-Platte genanntes Stück des Erdmantels, das wie eine Scholle auf dem glühenden Magma des Erdkerns schwimmt. Was nicht mitwandert, ist der Hot Spot, »heißer Fleck«, ein bis hart an die Oberfläche reichender Glutofen im Erdinneren, der an immer neuer Stelle nach oben drückt und den Erdmantel schließlich wie ein Furunkel aufplatzen lässt. So ist unsere heutige

Erst mit der Geschlechtsreife putzt sich die Klippenkrabbe rot heraus, vorher ist sie unauffällig grau

Augenfällige Namensgebung: Blaufußtölpel

Die kalifornischen Seelöwen sind über den ganzen Galápagos-Archipel verbreitet; ihr Lebensraum sind die offenen Sandstrände. Die Bullen sind ständig damit beschäftigt, ihren bis zu 40 weibliche Tiere umfassenden Harem zu verteidigen und zu bewachen und sind entsprechend aggressiv gestimmt. Die weniger häufigen Seebären, die zu den Pelzrobben gehören, leben in kleinen Gruppen in abgelegenen Höhlen – hier sind die Bullen viel friedlicher.

Zur Balz zeigen die Fregattvogel-Männchen einen gewaltigen Kehlsack

Sicht des Galápagos-Archipels vergleichbar einer »Moment«-Aufnahme, einem Bild aus einem Filmstreifen, der unvorstellbar langsam an einer Lichtquelle vorbeigezogen wird.

Auf Isabela hat sich die Tierwelt gut eingerichtet

Größte Insel ist Isabela, in deren Süden Puerto Villamil liegt, die einzige Siedlung der Insel mit einem kleinen Flugplatz, einigen Dutzend Fischerbooten und sogar einem Strand. Dahinter fast 200 Kilometer kaum begehbares Terrain, Lavabänke, Höhlen und Steilküste. Wetter und See haben hier Schichten des gehobenen Sedimentsgesteins herausgewaschen, prekäre Nistplätze für Hunderte von Seevögeln. In tieferen Lagen wohnen schwarze Salzwasserleguane und Seebären, eine Robbenart, die wegen ihres dichten Fells stark bejagt wurde, heute aber unter Schutz steht. Ganz unten räkeln sich auf Lavafeldern und Felsen Seelöwen-Weibchen. Sie werden bewacht von dem Macho, der hoppelnd seinen Harem umkreist und auf seine vorderen Flossen gestützt Besitzerstolz und Eifersucht herausgrunzt.

An einzelnen Stellen haben tektonische Bewegungen die Küste so weit abflachen lassen, dass ein Streifen Grün und die dornigen Trockenwälder des Inneren bis an die Küste heranreichen. Die Bahía Urbina ist eine der wenigen Landestellen im Westen Isabelas; ein Weg führt ins Innere, durch eine schüttere Baum- und Buschlandschaft. Hier kann man sie noch in Freiheit treffen, die legendären Riesenschildkröten. Wochenlange mühselige Märsche hatten sie zur Küste gebracht, zu der sie die Blütezeit einer von ihnen hoch geschätzten Baumart gelockt hatte, und so sitzen sie nun unter dem Geäst, gewaltig, aber auch verwundbar in ihrer Unbeweglichkeit, weitab von ihrer eigentlichen Heimat, den Kratern des Vulkans Alcedo. Dass sich oben auf diesem Vulkan die größte Population der Galápagos-Urtiere gehalten hat, ist nur der Unzugänglichkeit des Kraters zu verdanken, der inmitten der Wildnis ein weiteres Zeitfenster öffnet: einen milchig-grünen Kratersee, in dem diese Schildkröten baden und sich treffen. Denn auf anderen Inseln sind die Zahlen so sehr gesunken, dass die einsamen und langsamen Tiere ohne

Isabela: Flechten, genügsame Büsche und Kakteen erobern langsam das schwarze Lavagestein

Auf Isabela: mühsames Wandern im Lavafeld

Die Meeresechse ist ein Unikum der Evolution, das sich mit den seltsamsten Tricks an seinen Lebenraum angepasst hat. Auf seiner Schädeldecke hat das bis zu einem Meter große Tier ein drittes »Auge« entwickelt, das Licht orten kann und damit der Echse immer die Richtung zur Wasseroberfläche angibt. In andauernden Notzeiten werden Meeresechsen vorübergehend kleiner und verbrauchen daher weniger Energie.

Galápagos-Bussard (unten)

Die grauen Lavawände der Punta Vicente Roca auf Isabela kann man nur vom Wasser aus erkunden

menschliche Hilfe keine Paarungspartner mehr finden. Aber auch dieser letzte große Schildkrötenstamm ist gefährdet: Die Vulkane von Isabela sind nur scheinbar ruhig geworden. Eruptionen von glühender Lava und brennende Wälder bedrohen die langsamen Tiere, die so kostbar geworden sind, dass man sie beim letzten Vulkanausbruch mit Hubschraubern ausgeflogen hat.

Mensch und Paradies, ein widersprüchliches Verhältnis

Auch wenn die Darwin-Forschungsgesellschaft auf ihrem zooartigen Gelände den letzten Schildkrötenmann der abgelegenen Insel Pinta hütet und ihn mit einem ähnlichen Weibchen zu verkuppeln versucht – das Verhältnis der Menschen zum genetischen Paradies der Galápagos-Inseln ist widersprüchlich, auch absurd, manchmal rührend.

Die Touristen, meist zahlreicher als die Seelöwen, sind ein wohlgelittenes Übel, denn ihre hundert Dollar Eintrittsgebühr erhalten den Nationalpark und seine Wächter, die ihre Klienten mit preußischer Disziplin regieren: Jedes Stückchen Papier wird eingesammelt, kein Steinchen darf mitgenommen werden. Sie sammeln auch Geld – zu Ankauf von Patronen und Gewehren, mit denen Tiere abgeschossen werden sollten: »schlechte« Tiere, wie die von den Menschen eingeschleppten Ratten, Katzen, Esel, Rinder oder Ziegen, die Schildkrö-

Tausende von Meeresechsen beleben die wüsten Lavaflächen von Fernandina

Nicht ganz ungefährlich: Um die Seelöwenmutter macht man besser einen Bogen

Auf dem Strand der Bahía Gardner kennen sich Seelöwen und Touristen schon lange

teneier und die letzten der endemischen Scalesia-Büsche auffressen.

Deutsche auf Floreana: bizarre Tragödien

Was ist gut, was ist schlecht? Auf den Galápagos-Inseln sind die Grenzen, wie es scheint, sehr eng gezogen, und doch verflüchtigen sie sich rasch. Da ist die Insel Floreana, die seit Jahrhunderten allen möglichen Aussteigern Heimat war: Piraten, die in Höhlen wohnten, Walfängern, die eine leere Tonne als Briefkasten hinterließen – und in den 30er-Jahren deutsche Zivilisationsflüchtlinge, die sich gegenseitig mit Schusswaffen, Gift und Nahrungsmittelraub ausrotteten. Die bürgerliche, weltkriegsgeschädigte Familie Wittmer gehörte dazu, der »Philosoph« Ritter, der sich hier mit seiner Geliebten verkrochen hatte, und ein männermordender Paradiesvogel, die »Baronin« Wagner-Bousquet samt Verehrern, die sich zur »Kaiserin von Floreana« ausrief und ihr Regiment mit Reitpeitsche und Revolver vertrat.

Der gewaltsame Tod der meisten Beteiligten ist ein bis heute ungelöstes Rätsel, an dem sich noch immer Hobby-Kriminalisten versuchen. Freilich überlebten die Guten – die Familie Wittmer, die nur Zaungäste der Galápagos-Affäre waren. Bis heute lebt die Familie auf Floreana, wo sie Postkarten und Bücher über die Tragödie verkauft.

Auf dem bunten Gestein von Española zeigen auch die Meeresechsen ...

... und die Lavaechsen (sieben endemische Arten gibt es) kräftige Farben

Die großen Seevögel wie die verschiedenen Tölpelarten, die Fregattvögel und die Albatrosse sind Weltbürger, die man überall treffen kann – aber längst nicht überall so gut beobachten. Auf der anderen Seite hat der unscheinbare Darwinfink Karriere gemacht, weil sich auf jeder Galápagos-Insel eine eigene Art entwickelt hat, die den lokal unterschiedlichen Futterquellen entspricht und damit die Entwicklung der Arten bezeugt.

Auf der ebenfalls weit abgelegenen Insel Española, der ältesten des Archipels, lebte einst, so Melville, ein furchtbarer Einsiedler namens Oberlus, der alt und hässlich war. Er war ein Hochlandindio aus Ecuador und lockte heimtückisch Besatzungen von Walfangschiffen an, um sie zu versklaven.

Española, wo Seelöwen und Tölpel zu Umwegen nötigen

Heute gibt sich Española freundlicher. Ein ordentlicher Hafen mit einem kleinen roten Leuchtturm steht den Besuchern in Punta Súarez zu Diensten, sowie eine Mole, die es erlaubt, trockenen Fußes an Land zu springen. Anstelle des alten Oberlus haben Seelöwen das Kommando übernommen. Schon das Molenende ist von einem Bullen besetzt, dessen Imponiergebrüll nicht einladend wirkt; noch eindrucksvoller sind zwei Seelöwenmütter mit ihren neugeborenen Jungen am Eingang des Wanderweges; sie lassen einen kleinen Umweg durch das nahe Gehölz ratsam erscheinen.
Nur wenig später der nächste Stau: Blaufußtölpel nisten auf dem Weg, und die Mutter verteidigt ihr Terrritorium mit Schnabelhieben. Und der übernächste: Blaufußtölpel haben sich den Weg für ihre komplizierten Balzrituale ausgesucht – blaue Füße werden abwechselnd hochgehoben und vorgewiesen, der Schnabel und die Flügelspitzen in die Luft gereckt. Die Fotoapparate klicken, und dann springt man über Stachelbüsche, das Liebeswerben nicht zu stören.

Blaufußtölpel und Seelöwen gehören zum Inventar nahezu aller Inseln, doch auf Española, so scheint es, sind sie besonders zahlreich und ungeniert. Auch die Meeresleguane sehen hier anders aus: Sie sind größer und vielfarbig mit roten Flecken versehen. Doch das Besondere von Española wartet am Schluss der Wanderung, wenn der Dornbuschwald zurücktritt und den Blick auf die andere Inselseite freigibt: eine Steilküste, gegen die das Meer anbrandet und in sprühenden Fontänen hochspritzt.
Alle Vögel der Galápagos-Inseln sind hier versammelt: Zwischen den Blaufuß- und Maskentölpeln fliegen, an ihrem gegabelten Schwanz kenntlich, Fregattvögel. Dazwischen Habichte, Möwen, die kleinen Spottdrosseln und schließlich – weiß, groß, mit enormen Flügeln – ein besonderer Gast: der Galápagos-Albatros. Er ist der unfreiwillige Harlekin unter den Seevögeln, wenn er nach elegantem Aufsetzen oft vergeblich versucht, sein Schwergewicht abzubremsen und kopfüber im Sand landet. Einen Fisch für sein Riesenküken – und wieder wirft sich der Albatros über die gischtumtosten Klippen hinab dem Blau des Himmels und des Meeres entgegen: äußerstes Ende einer Insel und eines Archipels, der dem Pazifik nur auf Zeit entrungen ist.

Schnabel auf: Albatrosse auf Española bei der Balz

Halskraulen gehört bei den Maskentölpeln offenbar zum Balzritual

Seltener: Rotfußtölpel nisten nur auf Genovesa und San Cristóbal

REISE-INFO GALÁPAGOS-INSELN

Organisation: Die Reise auf den Archipel ist sehr teuer. Die Kosten entstehen durch

- den Flugpreis (Mitte 2000: US-$ 375 für Hin- und Rückflug),
- die obligatorische Nationalparkgebühr von $ 100, die in bar (keine Reiseschecks oder Kreditkarten!) direkt am Flughafen entrichtet werden muss,
- die hohen Lebenshaltungskosten,
- die organisierten Touren, ohne die man nur auf die vier bewohnten Inseln (Santa Cruz, Isabela, San Cristóbal und Floreana) kommt. Tour im Voraus buchen; an Ort und Stelle kann man billiger wegkommen, wenn man ein Last-Minute-Angebot auf einem fast vollen Boot erwischt.

Anreise: Die Fluglinie Tame fliegt täglich (an Freitagen zwei Mal) von Quito über Guayaquil (wo man auch zusteigen kann) zum Flughafen auf der Insel Baltra und bringt die Besucher in einem Shuttle-Bus an den Kanal von Itabaca, der mit einem kleinen Boot überquert wird. Auf Santa Cruz geht es mit einem öffentlichen Bus quer über die Insel (40 km) nach Puerto Ayora, wo die meisten Kreuzfahrten starten. Diese Anfahrt (wird bei vorausgebuchten Reisen vom Tour-Unternehmer organisiert) ist unproblematisch, aber zeitraubend. Und je weniger Gepäck man hat, desto einfacher; doch sollte man keinesfalls auf Sonnenschutz, das Fernglas, auf viel Fotomaterial und vor allem feste Schuhe verzichten!
Die Alternative ist ein Flug nach San Cristóbal mit der Fluglinie San (einmal täglich, in kleinen Maschinen). Zur Zeit legen aber nur wenige Kreuzfahrten von Puerto Baquerizo ab.

Archipel-Verkehr: Kleine und kleinste Flugzeuge fliegen von Puerto Ayora nach Puerto Villamil (Isabela) und Puerto Baquerizo. Ein Frachtschiff der Ingala verkehrt unregelmäßig zwischen diesen Orten und bezieht auch Floreana ein.

Santa Cruz: Puerto Ayora

Unterkunft: Zur besseren Kategorie gehören das »Hotel Angermeyer« (Ave. Charles Darwin, Tel. 526570, mit Schwimmbad) und das Hotel »Sol y Mar« (Ave. Charles Darwin, Tel. 325609). Das Hotel »Delfín«, das auf der anderen Seite des Hafens liegt und nur mit dem Boot zu erreichen ist, gehört zu Metropolitan Tours; es hat sein eigenes Boot, mit dem Tagestouren auf die näher gelegenen Inseln organsiert werden. Ein ähnliches, aber einfacheres Programm bietet das »Ninfas«, ein unweit des Hafens gelegenes Hotel mittlerer Preisklasse. Es ist im Übrigen nicht schwer, preiswertere Pensionen zu finden.

Essen: Entlang der Ave. Charles Darwin findet man jede Art von Restaurant. Einen guten Ruf hat das »Garapata«, das lange geöffnet hat und abends ein beliebter Treffpunkt ist. Das beste Frühstück gibt es in einem Café gegenüber dem Banco Pacífico. Preiswerter sind an der Avenida Herrera die vielen kleinen Imbissstände.

Sehenswürdigkeit: Das Charles-Darwin-Forschungszentrum am äußersten, weit entfernten Ende der Avenida gleichen Namens sollte nicht ausgelassen werden (tgl. 7–17 Uhr). Es bietet eine Dokumentation über Geologie und Natur des Archipels und beherbergt eine große Zahl von Riesenschildkröten von allen Inseln, darunter auch den berühmten »Lonely George«, der sich leider nicht fortpflanzen will.

Ausflüge: Eine etwa einstündige Wanderung auf einem gut ausgebauten Weg östlich der Stadt führt durch einen Kakteenwald zu den zwei hintereinander liegenden wunderbaren Stränden der Bahía Tortuga. Vorsicht, nur an dem zweiten ist das Schwimmen ungefährlich! Wer gut zu Fuß ist, kann sich zu dem Schildkrötenreservat (von Santa Rosa an der Inselstraße aus 6 km) aufmachen; der Weg führt durch eine schöne, aber einsame und wasserlose Gegend, in der man sich nicht verlaufen sollte. Sehenswert sind auch ein natürlicher Lavatunnel 2 km östlich der Ortschaft Bellavista und zwei Einsturzkrater (Los Gemelos), die direkt an der Straße zum Flughafen liegen.

Rastplatz für braune Pelikane

Bewohnte Inseln

San Cristóbal: Hier befindet sich Puerto Baquerizo, die »Hauptstadt« des Archipels, doch sie ist ruhiger als Puerto Ayora und das Angebot in jeder Hinsicht geringer. Das teuerste Hotel ist das »Chatham«, doch es gibt auch einige billige Pensionen und sogar eine Jugendherberge (Cabañas Jorge).
Isabela: In Puerto Villamil ist man auf Privatquartiere angewiesen.
Floreana bietet Quartier bei der berühmten Frau Wittmer, der ältesten Pionierin der Insel, die die berühmte »Galápagos-Affäre« miterlebt hat und ihre Version der Geschichte als Buch verkauft (s. S. 94).

Tagesausflüge

Eine größere Auswahl hat man nur in Puerto Ayora, wo das Hotelgewerbe die Tagesausflüge als Alternative fördert, um sich seinen Teil vom Galápagos-Geschäft zu sichern. Alle Agenturen arbeiten zusammen, so dass man nirgendwo einen Preisvorteil herausschlagen kann, auch nicht beim Veranstalter selbst. Wichtiger ist die Bequemlichkeit und vor allem die Geschwindigkeit des Bootes, die darüber entscheidet, wie viel Zeit man am Ziel verbringen kann. Per Tagesausflug kann man grundsätzlich nur die Zentralgruppe der Inseln besuchen:
Santa Fé: Der Besucherstandort ist eine ruhige Bucht mit einem Sandstrand, auf dem sich Seelöwen tummeln. Man kann mit ihnen schwimmen, aber auch eine kurze Wanderung um die Bucht unternehmen, bei der man mit Sicherheit den hier endemischen blassgelben Landleguan trifft, der feste Reviere hat. Auch die zahmen Galápagos-Bussarde sieht man.
Plaza Sur: Schon auf dem Landungssteg sitzen die Seelöwen; auf der flachen Seite der Insel bedeckt ein Meer roter Blüten den Boden, an der südlichen Steilküste nisten viele Seevögel. Landleguane sind keine Seltenheit, ebenso die unauffälligen Darwinfinken.
Seymour Norte, nördlich von der Insel Baltra, ist wie diese ein Lavaplateau, auf

dem Meeresleguane und viele Seevögel leben. Schön sind immer wieder die Fregattvögel und Blaufußtölpel.
Mosquera hat einen Strand, an dem man mit Seelöwen schwimmen und schnorcheln kann.
Daphne Major: Eine Insel, die nur zu bestimmten Zeiten betreten werden darf; die Hauptattraktion ist ein Krater, in dessen Tiefe Kolonien von Blaufußtölpeln nisten.
San Bartolomé ist von einem Lavafeld bedeckt, das es zu einer Mondlandschaft macht, aber gut begehbar ist; an der Küste leben Seelöwen und Seevögel aller Art. Hier befindet sich in der Nähe eines Strandes der Pinnacle Rock, ein einzelner steiler Felszacken.
Santa Cruz: Die Hauptinsel bietet einen lohnenden Besucherstandort, der aber nur mit dem Boot angefahren werden kann: die Caleta Tortuga Negra, ein von Mangroven gesäumter Wasserweg, an dessen Ende sich die Meeresschildkröten paaren.
Tauchausflüge: Galápagos SubAqua (Ave. Charles Darwin, Puerto Ayora) bietet geführte Ausflüge mit Ausrüstung an, die auf eine kleine Insel in der Academy Bay oder bis nach Floreana, zum einzigen Korallenriff der Inseln, führen.

Außenliegende Inseln

Ausflüge lohnen nur als mehrtägige Tour; man hat den Vorteil, dass man den großen Touristenkarawanen ausweicht.

Schildkröten-Idyll auf Santa Cruz

Genovesa liegt im äußersten Nordosten und ist daher eine alte, stark erodierte Insel. Man steigt in der von Hammerhaien durchzogenen Bahía Bay aus und gelangt über eine steile Treppe zu einem Plateau, auf dem man Vögel aller Art, auch den Rotfußtölpel und die Sumpfohreule, beobachten kann.
San Cristóbal, Española und Floreana bilden eine südliche Inselgruppe, deren Besuch man miteinander verbinden kann. San Cristóbal bietet die Galápagos-Spottdrossel, Seelöwen und die beeindruckenden Riesenschildkröten – bei Punta Pitt sogar alle drei Tölpelarten (Blaufuß-, Rotfuß-, Maskentölpel), die auf dem Archipel leben. Die Hauptattraktion der Insel ist eine Süßwasserlagune (El Junco) mit vielen Wasservögeln; sie liegt freilich im Inneren und ist nur durch einen langen Fußmarsch, eventuell auch durch Taxis und Busse zu erreichen. Beim Passieren der Insel sieht man an ihrer Nordseite den aus dem Meer ragenden bekannten Kicker Rock.
La Española ist eine der schönsten Inseln des Archipels, auch eine der ältesten. Neben der Wanderung zur Albatros-Brutkolonie (siehe Seite 95) besucht man auch einen auf der vorgelagerten ***Isla Gardner*** gelegenen Sandstrand mit vielen Seelöwen. Hier lohnt auch ein Tauchausflug.
La Floreana ist die Insel mit der »Galápagos-Affäre« (siehe auch S. 94). Zu sehen gibt es bei Punta Cormorant die größte Flamingokolonie des Archipels sowie bei der Corona del Diablo (Teufelskrone), einem halb im Meer versunkenen Vulkankrater, Blaufußtölpel, Pelikane und Fregattvögel.
Die westlichen Inseln sind schwer zu erreichen und daher sehr einsam. Auf dem Wege dorthin wird man auf **San Salvador** (auch: Santiago) den kleinen Hafen Puerto Egas anlaufen und viele Seelöwen, Seevögel und Pinguine sehen.
Die größte Insel, **Isabela**, auf der bis vor 50 Jahren Sträflinge lebten, ist kaum erschlossen; schönste Ziele sind die Bahía Elizabeth (Seelöwen, Mangroven), die flamingoreiche Laguna de Villamil; die größten Meerechsen sind bei Punta Albemarle zu finden und die flugunfähigen Galápagos-Kormorane bei der mit rauer Lava bedeckten Punta García. (Bahía Urbina siehe S. 92, Punta Morena siehe S. 88).
Auf **Fernandina** kann der Besucher nur auf die Punta Espinosa mit in das Meer hineinragenden Lavafeldern und Mangrovensümpfen. Nicht nur zahllose Meeresechsen leben dort, sondern auch die zutraulichen Bussarde, die Kormorane und Galápagos-Pinguine.

Vor allem nach Norden dehnt sich der Archipel noch weiter aus

Im Pazifik den Ursprung der Arten gefunden

Charles Darwin

Es war im Dezember 1831, als ein junger Engländer auf einem Schiff namens »Beagle« anmusterte, das im Auftrag der Britischen Admiralität durch Vermessungen in allen Teilen der Welt die Seekarten revidieren sollte. Dies bedeutete lange Seereisen und Aufenthalte in fremden Ländern, die letztlich fünf Jahre dauern sollten. Dem jungen Mann und wohl auch seiner Familie war dies nicht unrecht, denn er hatte schon eine Reihe von Studiengängen und Karrieren abgebrochen, weil sie ihm »zu langweilig« erschienen waren.

Die Einladung, die Expedition als »Naturalist« zu begleiten – es war in Wirklichkeit keine Einladung, denn der Vater musste sie finanzieren –, würde ihn für eine Weile beschäftigt halten. Niemand ahnte, dass dieser junge »Aussteiger« namens Charles Darwin (*1809 †1882) dank seiner Beobachtungen und Sammlungen eine neue Theorie der Arten entwickeln und damit den Grundstein zu späterem Weltruhm legen würde.

Am allerwenigsten hätte das der Kapitän der »Beagle«, Fitzroy, geahnt, der als streng gläubiger und konservativer Mann es auch später nicht verwinden konnte, dass Darwin mit seiner Lehre die biblische Schöpfungsgeschichte aus den Angeln gehoben hatte.

Der Galápagos-Aufenthalt, der Darwin die treffendsten und bekanntesten Belege für seine Theorie bescherte, fiel in den letzten Teil der »Beagle«-Reise und dauerte zwei Monate. Wie so oft bei großen Entdeckungen, kamen auch hier verschiedene Umstände zusammen: Die Animositäten zwischen Fitzroy und Darwin waren im Laufe der Jahre so heftig geworden, dass Darwin jeden Moment nutzte, um an Land »botanisieren« zu gehen; zweitens waren hier die Tiere so zutraulich, dass Darwin Schildkröten und Meeresechsen leicht fangen und zerlegen konnte. So entdeckte er beiläufig, dass sich diese von unter Wasser vorkommenden Algen ernährten – eine nirgendwo sonst bekannte Lebens- und Ernährungsweise bei Reptilien.

Unerwünschte Nahrungskonkurrenten: Verwilderte Ziegen werden aufs Festland zurückgebracht

Außerdem war die Welterfahrung des jungen Naturwissenschaftlers im Laufe der Reise so gewachsen, dass er sich wichtige vergleichende Fragen stellen konnte: Warum war die Tier- und Pflanzenwelt der Inseln so ähnlich der des amerikanischen Kontinents und doch in Details so unterschiedlich – auch auf den einzelnen Inseln? Darwin hatte auf seiner Reise genug Zeit gehabt, um sich auch mit den damals neuesten geologischen Forschungen vertraut zu machen und schloss daraus richtig, dass die vulkanischen Inseln erdgeschichtlich relativ jung waren. Sie waren erst als nackte Felskegel aus dem Meer herausgewachsen, als sich auf dem Festland schon Flora und Fauna in vielen Arten etabliert hatten. Die Begrünung und Besiedelung des leeren Galápagos-Archipels war von seltenen Zufällen abhängig gewesen: Seevögel und Meeresströmungen hatten Samen und Keimlinge auf den Archipel gebracht; Schildkröten, Echsen, Insekten und kleine Landvögel hatten die langwierige Reise über das Meer auf treibenden Baumstämmen überstanden – das erklärt ihre Ähnlichkeit zu den Arten des Festlandes. Einmal angekommen, mussten sie sich an neue klimatische und geografische Bedingungen anpassen. Viele schafften es nicht und starben; andere passten sich an, veränderten sich, überlebten und wurden die Grundlage neuer Gattungen – das erklärt ihre Verschiedenheit.

Fazit: Der Anpassungsfähigere, der unter neuen Bedingungen eine »ökologische Nische« zum Überleben finden konnte, setzte sich durch. Die Evolutionstheorie, die von den einfachen Urformen des Lebens ausgeht und deren allmähliche Veränderung und Anpassung an andere Lebensräume voraussetzt, war geboren. Darwins berühmteste Beweisführung war die mit den verschiedenen Finkenarten auf den einzelnen Inseln: Diese un-

Puerto Ayora: Ein Wandbild zeigt den berühmtesten Mann der Galápagos-Inseln

Jede Insel hat ihre eigene Art: Landschildkröte im Reservat von Santa Cruz

scheinbaren Vögel, die man für Spatzen halten könnte, sind sich untereinander sehr ähnlich, was auf eine gemeinsame Herkunft schließen lässt. Ihre Schnabelformen unterscheiden sich jedoch von Insel zu Insel, es entstanden 13 Unterarten – je nachdem, welches Angebot an Samen und anderen Nahrungsquellen sie in ihrem neuen Lebensbereich vorfanden.

Diese allmähliche Absonderung neuer Arten lässt sich an vielen anderen Tier- und Pflanzenformen der Inseln beobachten. Die Landleguane beispielsweise leben von Früchten, namentlich von Kaktusbäumen, die auf einige wenige Gebiete beschränkt sind. Das hat die Verbreitung der Echsen sehr behindert. Unter dem Druck der Verhältnisse spaltete sich ein anderer, viel erfolg- und zahlreicherer Zweig ab: die Meeresleguane, die über Jahrhunderte hinweg ihre Atmung und Lichtsensoren so veränderten, dass sie die reichlich vorhandenen nahrhaften Meeresalgen unter Wasser abgrasen konnten.

Oder das Beispiel der Riesenschildkröten, die sich von Insel zu Insel unterscheiden: Jene Schildkrötenarten, die auf Inseln mit spärlicher Bodenvegetation leben, haben über ihrem Kopf eine Panzer-Ausbuchtung entwickelt, die es ihnen erlaubt, den Kopf bis zu anderthalb Metern zu heben und so niedrige Büsche abzuweiden; anderen Arten, die auf dem Boden weiden können, fehlt sie.

Diese Sonderentwicklungen gibt es natürlich nur bei den »standorttreuen« Arten, die sich in der Isolation zu neuen endemischen (nur hier vorkommenden) Formen entwickelten. Doch selbst bei Seevögeln entstanden neue Untergattungen, wie das Beispiel des flugunfähigen Kormorans zeigt: Dieser anderswo so reisefreudige Vogel fand auf den Inseln Isabela und Fernandina so reiche Fischgründe, dass er nicht mehr fliegen musste: Seine Flügel entwickelten sich zu armseligen Stummeln.

Charles Darwin war der richtige Mann, der zur richtigen Zeit an den richtigen Ort kam: Er war neugierig und erfahren, er lebte in einer Zeit, in der die Biologie nach neuen Wegen suchte, und er erkannte die Galápagos-Inseln als ein Laboratorium der Evolution: jung, isoliert, aber doch nicht ganz von der Welt abgeschnitten. 1859 erschien sein Buch »Über den Ursprung der Arten durch natürliche Auslese«, das seine Arbeit weltweit bekannt machte.

Heute sind Darwins Evolutionstheorien so weit Allgemeingut geworden, dass sie niemand mehr schockieren. Was sie damals bedeuteten, lässt sich aus einer Bemerkung seines alten Widersachers, des Kapitäns Fitzroy, schließen. Als Darwin ihm begeistert den Sinn der Unterschiede bei den Finkenschnäbeln erläuterte, entgegnete der gottesfürchtige Mann, dass »dies ein weiterer Beweis der wunderbaren Weisheit Gottes sei, die an allen Orten die Lebewesen erschuf, die dorthin passten«.

Fitzroy stand für Millionen Menschen, die Darwins Version der Schöpfungsgeschichte nicht nur für falsch, sondern auch für gefährlich hielten, und in einem Punkt hatten sie sogar Recht: Darwins Evolutionstheorie begründete wissenschaftlich das »Recht des Stärkeren«, der alle seine Mittel einsetzen musste, um in einer feindlichen Umwelt und gegen die »minderen« Arten zu überleben.

Auf Genovesa hat sich der Darwin-Fink auf Kakteen spezialisiert

Dies führte zu einer neuen Form des Rassismus, in dessen Licht die Europäer als die »besseren Finken« erschienen, als das Ergebnis einer »natürlichen Auslese«, das die anderen Menschen mit allen Mitteln verdrängen und benutzen durfte. Hemmungsloser Kolonialismus und Faschismus machten sich in der Folge diese neue Doktrin untertan, mit den bis heute sichtbaren Nachwirkungen. Doch es war keineswegs die Schuld Darwins, dass spätere Generationen die natürlichen Instinkte der Finken und Schildkröten mit den moralischen Qualitäten der Menschen verwechseln wollten.

Ein Zwerg: der Galápagos-Pinguin

Faszination der Vulkane – auf allen Höhenlagen

Wandern / Bergsteigen

Schon Alexander von Humboldt hatte bemerkt, wie publikumswirksam das Bergsteigen in den Anden ist: Selbst seine bedeutendsten Entdeckungen und Beschreibungen, so konstatiert er, »waren selten fähig, die Aufmerksamkeit von den schneebedeckten Gipfeln abzulenken ...«. Tatsächlich wurde sein 1802 unternommener Versuch einer Besteigung des Chimborazo die bis heute bekannteste seiner Reiseerfahrungen, vielfältig festgehalten in Artikeln, Theaterstücken und Filmen.
Bis heute ist es nicht nur reizvoll, sondern auch nützlich, seiner Route auf den Chimborazo im tatsächlichen und übertragenen Sinne nachzugehen. Es ist nämlich die gleiche, die schließlich 1880 den englischen Bergsteiger Whymper als Ersten auf den Gipfel des Chimborazo brachte. Und sie ist bis heute die gebräuchlichste Route bis zum Hauptgipfel Whymper (6310 m). Humboldt hatte ihn knapp verfehlt, was überhaupt nicht Wunder nimmt, denn seine Route musste von dem Dorf Calpi ausgehen. Heute fährt man mit einem Geländewagen bis zu einer Höhe von 4800 Metern zu einer ersten Schutzhütte; 30 Minuten oder 200 Höhenmeter weiter liegt eine zweite, das Refugio Whymper, angeblich die höchste bewirtschaftete Schutzhütte der Welt. So bleiben »nur« etwa 1300 Höhenmeter zu überwinden.
Den im Allgemeinen gut gekennzeichneten Weg, der einige bergsteigerischen Erfahrungen erfordert, sollte man schon nach Mitternacht antreten: Er beginnt mit der Durchquerung des Thielmann-Gletschers, der Eis- und Steinschlag ausgesetzt ist, und führt über einen Grat und einen zweiten Gletscher sowie den niedrigeren Ventimilla-Gipfel in acht Stunden zum eigentlichen Hauptgipfel.
Obgleich die Ersteigung des Chimborazo nur »mittlere« Schwierigkeitsgrade aufweist, sollten die Voraussetzungen und Gefahren nicht unterschätzt werden: Erfahrungen mit Steigeisen und Seilschaft sind notwendig, man muss nachts mit extremer Kälte und tags mit weichem Schnee rechnen, Witterungsumschwünge sind nicht selten. Ein Problem ist auch der relativ leichte Zugang zur Schutzhütte, denn man überspringt die erste Phase der Anpassung an die große Höhe. Humboldt hat die Behinderungen durch die Höhenkrankheit drastisch beschrieben: »Der Drang zum Erbrechen war mit etwas Schwindel verbunden und weitaus lästiger als die Schwierigkeit zu atmen ... Wir bluteten aus dem Zahnfleisch und aus den Lippen. Die Bindehaut der Augen war mit Blut unterlaufen.«
Neben technischem Können ist daher eine ausreichende Akklimatisierung die wichtigste Voraussetzung. Es empfiehlt sich, zumindest zur Eingewöhnung mit leichteren Höhenwanderungen und Gipfeln zu beginnen. Als Einstimmung wird oft eine Wanderung auf dem Inka-Trail empfohlen, der, von dem Dorf Achapullas bei Alausí ausgehend, in südlicher Richtung über mehrere Tage auf etwa 4000 Metern bis Ingapirca bei Cañar führt. Man erlebt Einsamkeit, Páramo-Landschaften, Hochmoore; man kommt über Pässe, wandert an den Schluchten des Río Cadrul entlang, durchquert eine Lagunen-Landschaft und Ruinen aus der Inka-Zeit. Der Inka-Trail ist ein Erlebnis, das keine bergsteigerischen Kenntnisse erfordert, wohl aber ausführlich Vorbereitung und Beratung und vor allem gutes Kartenmaterial, denn die Markierungen sind unzureichend.
Für den, der es dann mit einem einfacheren Berg versuchen will, bieten sich

Belohnung: Fernsicht vom Gipfel des Cotopaxi

Der Cotopaxi: vom Lavagestein durch Wolken in den ewigen Schnee

der Illiniza Norte an (5126 m): von der Schutzhütte aus zwei Stunden. Der Imbabura (4630 m) ist in sechs Stunden von San Pablo aus geschafft. Beliebt aufgrund der Aussichten und des noch sehr aktiven Vulkankraters ist die Besteigung des »Hausberges« von Quito, des Guagua Pichincha (4784 m). Sie geht von dem Dorf Lloa an den Hängen der Hauptstadt aus; es gibt eine einfache Schutzhütte, die nur 15 Geh-Minuten vom Kraterrand entfernt liegt und mit geländegängigen Fahrzeugen erreicht werden kann.
Der 90-Minuten-Abstieg in den Krater selbst ist die eigentliche Attraktion, doch angesichts der jüngsten vulkanischen Aktivitäten des Guagua Pichincha muss man sich unbedingt vorher über die Begehbarkeit des Kraters kundig machen. Andere Sicherheitsprobleme, wie gelegentliche Raubüberfälle, gibt es übrigens auch schon am Anfang der Route in

Nach dem Gipfelsturm der Abstieg durch Schnee und Eis

Bergwandern: Kleidung für jedes Klima

Quito und Lloa. Alle einfachen und daher häufiger benutzten Routen, also auch den Inka-Trail, sollte man nicht allein begehen!
Diese Probleme hat man seltener bei der Besteigung des Cotopaxi (5897 m), der von seiner Schwierigkeit her eine Mittelstellung zwischen dem Guagua Pichincha und dem Chimborazo einnimmt. Neben dem Tungurahua (5016 m) bei Baños ist der Cotopaxi der am leichtesten zu erreichende Schneegipfel – und immerhin der zweithöchste der ecuadorianischen Anden! Seine Lage in einem gut erschlossenen Naturschutzpark und seine relativ stabilen Witterungsverhältnisse kommen dazu und machen ihn zum meistbestiegenen Berg der Hochanden. An klaren Tagen sieht man seinen perfekten Vulkankegel über viele Kilometer der Panamericana. Zugänglich ist er von den beiden Parkeingängen nördlich des Dorfes Lasso. Befahrbare Wege, die eine wundervolle Páramo-Landschaft erschließen und auch Besuchern ohne bergsteigerische Ambitionen zu empfehlen sind, führen fast an die bewirtschaftete Schutzhütte José Ribas (4800 m).
Dahinter beginnt der Aufstieg an der Flanke entlang über einen Gletscher, dessen Einstieg nicht immer leicht ist; es folgen Gratwanderungen, weitere Eisfelder und zum Schluss ein steiler Anstieg, bis man nach drei bis vier Stunden Gehzeit den Gipfelkrater erreicht. Rudimentäre Kenntnisse im Umgang mit Steigeisen und Seilen sind erforderlich, doch bei guter Kondition ist der Cotopaxi in einer geführten Tour auch für weniger Geübte erreichbar.
Von den anderen Schneebergen der Anden Ecuadors sollte der Anfänger seine Kletterfinger lassen. Der dritthöchste Berg des Landes, der Cayambe (5790 m; 7 Stunden ab Schutzhütte) kann nur von erfahrenen Bergsteigern mit entsprechender Ausrüstung, zu der auch ein Helm gegen Steinschlag gehört, begangen werden.
Ein besonderes und selten versuchtes Abenteuer ist schließlich die Besteigung der Vulkane des Amazonas-Gebietes, wie etwa des Reventador (3562 m) und des Sangay (5230 m). Hier zählen die Höhenmeter doppelt und dreifach, denn der Ausgangspunkt liegt um vieles tiefer, und es gibt keine mit Fahrzeugen erreichbaren Schutzhütten. Der Aufstieg dauert mehrere Tage und wird zur Expedition, bei der man mit Maultieren Zelte, Verpflegung und Kleidung (u. a. auch Gummistiefel) für mehrere Klimazonen mit sich führen muss. Der Lohn ist das Erlebnis der Übergänge zwischen sehr verschiedenen Vegetationszonen und Landschaften, die – etwa im Fall des Sangay – erst am Krater eines der aktivsten Vulkane Amerikas enden.
Adressen und weitere Hinweise sind zu finden in den Allgemeinen Reise-Informationen auf Seite 109 unter dem Stichwort »Bergtouren« in der Rubrik »Sport und Aktivitäten«.

Cotopaxi: schwieriger Gletscher-Einstieg

Herrsche und baue – neue Städte auf alten

Stadtplanung

Ein Jahr nach der Ermordung von Atahualpa, im Mai 1534, war der andalusische Conquistadoren-Hauptmann Benálcazar bis an die nördliche Grenze des Inkareiches vorgestoßen und hatte im Vorübergehen Quito, die Residenzstadt des letzten Inkaherrschers, eingenommen. Die damals 22 000 Einwohner der Stadt ergaben sich kampflos; der Schock des plötzlichen Zusammenbruchs des als unbesiegbar geltenden Reiches und die inneren Zwistigkeiten in der erst vor wenigen Jahren eroberten Stadt verhinderten jeden Widerstand. Schon ein Jahr später waren die Wohnhäuser der einfachen Bevölkerung eingeebnet; die Zerstörung der aus mächtigen fugenlosen Steinmauern gebauten Paläste und Tempel dauerte etwas länger, doch sie war ebenso radikal.

Volkstümliche Traditionen und die Weiterverwendung einzelner Steine in den umliegenden Häusern erlaubten es, zumindest die Lage der Bauwerke zu rekonstruieren. Wie immer war im ersten Rausch des gottgefälligen Sieges die Unterwerfung des »Heidentums« dadurch gekrönt worden, dass man die wichtigen Bauwerke der neuen spanischen Stadt über den Inkastätten errichtete: Über dem Palast Atahualpas entstand folgerichtig die Plaza Mayor, der Hauptplatz und heutige Plaza de la Independencia, die mit Kathedrale und Gouverneurspalast die politische Mitte des Landes verkörpert. Der alte Palast von Atahualpas Vater Huayna Capac wurde ab 1581 mit dem Kloster San Francisco überbaut. In diesem Bau – er galt als die größte und prachtvollste religiöse Institution der Neuen Welt – wurden die ersten Indianerkinder in den religiösen Künsten der Zeit unterrichtet. Wo zu alten Zeiten der Tempel der Sonnenjungfrauen gestanden hatte, wurde von den Eroberern das den edlen Jungfrauen spanischen Geblütes gewidmete Frauenkloster Santa Catalina errichtet.

Der symbolische Charakter dieser und anderer Baumaßnahmen aus der neuen Gründungszeit springt ins Auge und kennzeichnet den spanischen Umgang mit Hochkulturen Amerikas: Zerstörung ja, denn das »heidnische« Übel musste ausgerottet werden; doch auf der anderen Seite auch Kontinuität, mit der sich die neue Herrschaft als legitimer Nachfolger der alten präsentierte. So liegt unter dem kolonialen Quito die alte Inkastadt verborgen – die sich eigentlich fremden Kulturen verschmolzen, wie auch die indianischen Anteile der Malschule von Quito zeigen.

Doch dieser Prozess, den man heute als Mestizisierung bezeichnet, hatte seine Grenzen, und die betrafen zunächst die Stadtplanung selbst. Alle Inkastädte waren so ausgelegt worden, dass ihre wichtigen Gebäude zusammen die Form eines Pumas ergaben, eines Tieres mit großer religiöser und astronomischer Bedeutung. Dem setzten die neuen Herren einen Grundriss entgegen, der den inkaischen, aber auch dem im Mutterland selbst noch dominierenden ebenfalls »heidnischen« Typus der verwinkelten maurischen Stadt entgegenstand: eine klare, gleichmäßige und gradlinige Straßenführung, die Philipp II. in seinen Ordenanzas (Anordnungen) von 1573 für alle neuen Gründungen verbindlich machte. Auch sie hatte ihre Symbolik: Sie ist Ausdruck der königlichen Allmacht, die gerade in neuen Territorien den absoluten Herrschaftswillen durchzusetzen versuchte.

Die geometrisch angelegte Stadt erlaubte die Festsetzung eines Mittelpunktes, die Plaza Mayor, der »große Platz«, der

San Francisco, die reichste Kirche Amerikas

seine eigene kosmologische Bedeutung hatte: An ihr befinden sich, bis heute, die Kathedrale und die Regierungsgebäude, die Zentren der religiösen und der weltlichen Macht. Bei einer quadratischen Anlage strahlen sie in alle Himmelsrichtungen gleichermaßen aus und machten zugleich die Hierarchie deutlich: Die ersten Häuserreihen waren dem Konquistadoren-Adel vorbehalten, es folgten die Viertel der Mestizen und schließlich die Indígenaviertel. Was außerhalb der Stadt lag, war wildes, heidnisches Land, folglich galten nur die vecinos, die Bewohner eines solchen in die Fremde versetzten städtischen Gemeinwesens, als spanische Bürger.

Die vollkommen regelmäßige Anlage der spanischen Kolonialstadt, wie wir sie in den Grundrissen von Cartagena (Kolumbien) oder Antigua (Guatemala) fin-

Blick vom Regierungspalast in Quito auf einen weiteren Prachtbau an der Plaza de la Independencia

Vom Panecillo aus ist die regelmäßige Anlage der Altstadt von Quito zu erkennen

den, ist allerdings ein seltener Glücksfall. Quito war eher ein Kompromiss: Nicht nur das Bedürfnis, die alten heiligen Orte der Inka zu integrieren, sondern auch das beengte, mit Hügeln und Quebradas (Schluchten) durchsetzte Terrain führte zu einem Grundriss, der zwar noch das Prinzip der Plaza und der sich rechtwinkelig kreuzenden Straßen erkennen lässt, ihn aber auch durch eine Vielzahl lebendig wirkender Unregelmäßigkeiten wieder aufhebt.
Cuenca, die zweite bedeutende, ebenfalls nach einem Puma-Grundriss ausgelegte, Inkastadt Ecuadors, zeigt eine andere Form des Kompromisses: Hier verzichteten die Planer darauf, den an einem hohen Flussufer gelegenen Inkapalast zum Zentrum der neuen Stadt zu machen; sie verlegten es weit in die daran anschließende Ebene hinein, was eine konsequentere Planung ermöglichte. Nun lag das Flussufer, der frühere Mittelpunkt, an der Peripherie der Stadt – sehr zur Freude der Archäologen, die hier viel weniger Schwierigkeiten hatten, die Reste des Pumapungo, des heiligen Bezirks der Inkakönige, aufzuspüren.
Quito hingegen hat im Laufe der Kolonialgeschichte viele Wandlungen durchlaufen. Ein Grund hierfür war, dass die »Kirchenstadt Amerikas«, wie sie genannt wurde, in jedem Jahrhundert mehrere Erdbeben überstehen musste. Allein das San-Francisco-Kloster erlebte mehrmals den Einsturz seiner Kirchtürme und 1755 auch den Zusammenbruch eines Teils des Kirchenschiffes. Die Restaurierungen waren hier und bei anderen Baudenkmälern Anlass, von der wehrhaften Rustikalität der ersten Bauten abzurücken und der Stadt mehr und mehr die Stempel der Renaissance und vor allem des Barocks aufzudrücken. Der Innenraum der Kirche von San Francisco, die weiterhin Vorbild des spanisch-amerikanischen Kirchenbaus blieb, wurde nun verschwenderisch mit vergoldeten Holzschnitzereien ausgestattet.
Ihre Pracht wurde allenfalls von der erst 1765 fertig gestellten Kirche La Compañía des nun einflussreichsten Jesuitenordens übertroffen. Nach jahrelanger Renovierung erstrahlt ihr Inneres in neuem Glanz, doch auffälliger sind die architektonischen Eigenheiten dieses zu seiner Zeit revolutionären Baus: eine Kirche ohne Türme, gekrönt von einer Reihe von der Plaza de la Independencia aus sichtbaren Kuppeln und als Höhepunkt eine aus Vulkangestein gemeißelte Fassade, die die Mitarbeit indianischer Künstler nicht verleugnet.
Schon zwei Jahre nach der Fertigstellung der Kirche wurde der Jesuitenorden, der sich als mächtiger Schutzherr der indianischen Bevölkerung unbeliebt gemacht

Manches Haus zieren noch alte Familienwappen

hatte, aus dem Land gewiesen; seine Kirche blieb als ein spätes Zeugnis der Verschmelzung europäischer und amerikanischer Kulturen, die Quito immer geprägt hat.

Heutige Macht zeigt sich schlicht: Das Rathaus von Quito schmückt sich mit einem alten Brunnen

Allgemeine Reise-Informationen

Ecuadors Territorium entspricht, nach dem seit 1999 endgültigen Verzicht auf seine 1942 von Peru eroberten Amazonasgebiete, mit seinen rund 270 000 qkm etwa dem der alten Bundesrepublik Deutschland. Damit ist es eines der kleinsten Länder Südamerikas, das aber mit seiner Gliederung in drei deutlich voneinander abgesetzte Landschaftszonen eine große geografische Vielfalt zeigt: Die zentralen Regionen sind zu je einem Viertel das andine Hochland (Sierra) und das Küstenland (Costa) sowie mit rund der Hälfte der Landesfläche das Amazonastiefland. Die Galápagos-Inseln sind von ihrer Fläche her (8010 qkm) unbedeutend, bilden aber eine eigene Landschaftszone.

Das Alphabet als Mauermalerei – hier in Latacunga

Während die Inselgruppe zwischen 900 und 1200 km vom Kontinent entfernt im Pazifik liegt, sind Costa und Sierra sowie Sierra und Oriente durch den West- bzw. Ostzweig der Kordilleren voneinander getrennt. Vor allem die Westkordillere erreicht in ihrem nördlichen Teil mit einzelnen Gipfeln Höhen über 6000 Meter; ihr abrupter Abbruch in die Tiefländer gehört zu den dramatischsten Landschaftsformen des Kontinents.

Die für das Jahr 2000 auf 12 646 095 Menschen hochgerechnete Bevölkerung lebt fast ausschließlich in den zentralen Bereichen Costa und Sierra, und zwar zu fast gleichen Anteilen. Bemerkenswert ist die insgesamt starke Zunahme der städtischen Bevölkerung, die sich in der Sierra auf drei große Zentren verteilt (Quito, Ambato, Cuenca), in der Costa hingegen fast ausschließlich auf Guayaquil, der inzwischen größten Stadt des Landes, beschränkt ist.

Von ihrer landwirtschaftlichen Produktion her gesehen ergänzen sich die beiden Landesteile: Während die Sierra in erster Linie Lebensmittel für den internen Verbrauch (Kartoffeln, Weizen, Gerste, Mais, Bohnen, Gemüse) erzeugt, ist die Küste auf tropische Produkte (Bananen, Palmöl, Kaffee, Kakao, Zuckerrohr, Yuca, tropische Früchte, Garnelen) spezialisiert, die überwiegend exportiert werden. Ein erheblicher Teil des Wirtschaftspotentials Ecuadors liegt in der Förderung von Bodenschätzen, vor allem Erdöl und zu einem geringeren Teil Gold, die beide hauptsächlich in der Amazonasregion gefunden werden.

Im Ganzen gesehen, ist die Wirtschaftsstruktur des Landes vielfältig und ausgewogen, doch dieses positive Bild wird durch schwerwiegende Fehlentwicklungen aufgehoben: zum einen durch die auch für lateinamerikanische Verhältnisse ungünstige Verteilung der Reichtümer, zum anderen durch die notorische, durch die Erdölgewinne noch angeheizte Korruption in den Zentren von Wirtschaft und Politik und drittens durch die Überschuldung des Landes.

In den letzten Monaten des Jahres 1999 kam es zu heftigen wirtschaftlichen Turbulenzen: Nach einem missglückten Umschuldungsversuch erlitt die einheimische Währung einen rasanten Wertverlust, die Nachfrage nach »harten« US-Dollars war nicht mehr zu befriedigen, mehrere Banken machten Bankrott. Die Regierung Mahuad versuchte den Absturz zu verhindern, indem sie die Bankkonten sperrte und eine feste Anbindung an den US-Dollar verkündete. Doch es war zu spät: Es kam zu Streiks und die Verbände der Hochlandindianer marschierten unter ihrem Führer Vargas in die Hauptstadt, wo sie – mit Hilfe eines Teils der Armee – eher symbolisch das Kongressgebäude und den Regierungspalast besetzten. Präsident Mahuad beharrte zunächst auf seinem Amt, wich jedoch gegen Mitternacht einem selbst ernannten Triumvirat aus dem obersten General, einem Richter des Obersten Gerichtshofs und dem Indianerführer Vargas.

Dieser Quasi-Militärputsch führte zu schweren Bedenken in bürgerlichen Kreisen und im Ausland. Daher löste das Militär selbst das Triumvirat nach drei Stunden wieder auf; anstelle des zurückgetretenen und inzwischen in die chilenische Botschaft geflüchteten Mahuad übernahm Vizepräsident Noboa das Amt. Die Indianerverbände fühlten sich betrogen und drohten mit weiteren Protesten und sogar mit Bürgerkrieg. Noboa setzte die Politik der Dollarisierung fort – der Wechselkurs Sucres zum Dollar wurde auf 25000:1 eingefroren.

Damit trat eine gewisse Beruhigung ein, doch die Zeche zahlt (wie so oft) der »kleine Mann«: In nur drei Monaten hatte er durch die Inflation mehr als die Hälfte seines Gehaltes und seiner Ersparnisse eingebüßt. Dem versuchte die Regierung Rechnung zu tragen, indem sie zum

REISEDATEN ECUADOR

Flug von Deutschland	Inlandsverkehr	Reisepapiere	Devisen	Mietwagen	Benzin	Hotel (DZ)	B & B (DZ)	Menü	Einfaches Essen	Ortszeit	Souvenirs
Rückflugticket ab 800 Euro	Quito – Ambato ca. 5 US-$	Reisepass, mindestens noch sechs Monate gültig	1 US-$ = 25000 Sucre	ab 50 US-$ pro Tag	1 Liter Normal: ca. 0,25 US-$	Mittelklasse 20–40 US-$	Pension ab 10 US-$	normales Restaurant: ca. 5 US-$ pro Person (ohne Getränke)	1 US-$ und darunter	MEZ: –6 Std., Sommerzeit: –7 Std. Galápagos-I.: –7 / –8 Std.	Gute Ponchos etwa 15 US-$, Panamahüte bester Qualität min. 200 US-$

Anfang April 2000 die Preise bestimmter Dienstleistungen (vor allem Taxis und öffentliche Transporte) verdoppelte.

Adressen und Informationen

In Deutschland und anderen deutschsprachigen Ländern gibt es kein Touristeninformationsbüro Ecuadors; Auskünfte erteilen die diplomatischen Vertretungen des Landes, wenn ein Freiumschlag beigefügt wird. In **Deutschland** sind dies die Botschaft und das Konsulat von Ecuador, Kaiser-Friedrich-Str. 90, 10585 Berlin, Tel. 030/2386217, Fax 34787126. Ein Generalkonsulat befindet sich in 20149 Hamburg, Rothenbaumchaussee 221; Tel. 040/443135, Fax 040/4103135; Honorarkonsulate gibt es in 60311 Frankfurt/M., Berliner Str. 56–58, Tel. 069/1332295, Fax 069/1332565; geöffnet Montag, Mittwoch, Freitag; in 80469 München, Fraunhoferstr. 2, Tel. 089/265658, Fax 089/23701288; in 28195 Bremen, Breitenweg 29–33, Tel. 0421/3092320, Fax 0421/3092432.
In **Österreich** bekommt man Informationen über die Botschaft von Ecuador, Goldschmiedgasse 10/11/24, A-1010 Wien, Tel. 01-5353218, 5353208 oder 5355583; Fax 01-5350897; E-Mail: rasec01@extern.iaea.or.at. In der **Schweiz**: Botschaft von Ecuador, Helvetiastr. 19-A, 3005 Bern, Tel. 031-3511755, Fax 3512771. E-Mail: domingo.cordo-vez@itu.ch.
In Ecuador selbst ist das Ministerio de Turismo zuständig: P. O. Box 2454, Tel. 00593-2-507562, Fax 00593-2-507564. http://www.contacto.com.ec, E-Mail: ecuainfo@interactive.net.ec. Es verwaltet die Informationsbüros in den einzelnen Städten, die von der Cetur (Corporación Ecuatoriana de Turismo) betrieben werden (Website: www.cetur.org).
Eine unerschöpfliche Informationsquelle sind die South American Explorers (SAE) in Quito, Jorge Washington/Leonidas Plaza, Apartado 17-21-431, Tel./Fax 2-225228. Sie helfen bei Notfällen und haben immer die neuesten Informationen über Attraktionen und Gefahren. Mitglieder können Gepäck hinterlassen sowie Faxe und telefonische Nachrichten empfangen. Besonders gut unterrichtet sind die SAE über Möglichkeiten und Gefahren bei Bergbesteigungen. Einen Teil der Informationen bietet die Website www.sameexplo.org. – Allgemeine Informationen (engl.) mit vielen links über das Land: http://www.mcs.net/~soledad/-ecuador.html.

Anreise

Es gibt von Europa aus nur Linienflüge. Das preiswerteste Angebot kommt zur Zeit von Iberia (über Madrid), gefolgt von der KLM (über Amsterdam und Curacao, wo ein Zwischenaufenthalt möglich ist). Etwas teurer sind Air France (über Paris) und Lufthansa (über die USA).

Drogen

Drogenbesitz wird empfindlich bestraft, und die Haftbedingungen sind keineswegs komfortabel. Vorsicht vor heimlich ins Gepäck geschmuggelter Konterbande. Die deutsche Botschaft hat keine rechtlichen Möglichkeiten, wegen Drogenhandels verhaftete Deutsche frei zu bekommen.

Einkaufen, Souvenirs

Vor allem Ponchos, Hüte und Umhängetaschen gibt es auf allen Märkten. Raffiniertere und westlichem Geschmack angepasste Mitbringsel gibt es in Otavalo, etwa Wandteppiche und Pullover mit eingewebten Motiven. Aber auch auf den traditionellen Märkten wie in Riobamba kann man nach einiger Suche Besonderes entdecken: lange Schmucknadeln, mit denen die Frauen ihren Poncho zusammenhalten, Kräuter und Tinkturen sowie die entsprechenden Büchlein, die zur Volksmedizin gehören. Im Amazonasgebiet gibt es medizinisch anerkannte Heilmittel aus dem Regenwald, z. B. das Drachenbaum-Blut (Sangre de Drago), das man in der Amazonas-Apotheke in Tena erwerben kann.
An der Küste hingegen wächst die Tagua-Palme, deren etwa eigroße harte Nüsse auch »pflanzliches Elfenbein« genannt werden, denn sie dienen als in Farbe und Festigkeit fast gleichwertiges Material für Schnitzereien aller Art; sogar ganze Schachspiele aus Tagua-Nuss kann man erwerben. Ein anderes Rohmaterial sind hier Pflanzenfasern aller Art, darunter die feinen Fasern der Toquilla-Palme. Zwar ist der Panamahut die Krönung der Flechtkunst, doch man findet auch Gebrauchsgegenstände aller Art: Puppen, Taschen, Teppiche, sogar Möbel aus verschiedenen Strohsorten.

Unwiderstehlich, das Angebot an feinsten Panamahüten bei Homero Ortega in Cuenca

Einreise

Deutsche, Österreicher und Schweizer benötigen zur Einreise nur einen Reisepass, der noch 6 Monate gültig sein muss. Der Einreisestempel berechtigt zu einem Aufenthalt von maximal drei Monaten; diese Frist kann jedoch jederzeit bei der Policia de Migración (Amazonas 2639 / Republica) in Quito verlängert werden. In jedem Fall wird ein Durchschlag des Einreiseformulars dem Pass beigefügt; er muss bei Ausreise wieder abgegeben werden. Ausschlaggebend ist jedoch der Pass mit dem Einreisestempel. Er wird häufig kontrolliert und sollte immer mitgeführt werden. Fotokopien des Passes werden nicht immer akzeptiert; dennoch sollte man sie (Titelseiten und Einreisevermerk) anfertigen und an einem sicheren Ort hinterlegen.

Elektrizität

Im Allgemeinen findet man Wechselstrom mit 110 Volt und 60 Hertz. Modernere Geräte können umgestellt werden, jedoch nicht auf die amerikanischen Steckdosen. Adapter gibt es aber in jedem Geschäft.

Feste und Feiertage

Der Feste, vor allem in den Andendörfern, sind so viele, dass nur die wichtigsten aufgezählt werden können. Der Festkalender beginnt in der zweiten **Februar**hälfte in den Anden mit dem Karneval und seinen bunten und »nassen« Umzügen, bei denen man bespritzt wird. Ebenfalls in den Anden wird die **Karwoche** mit Prozessionen und Messen begangen; Märkte und Volksfeste schließen sich an. Der 24. **Mai**, der Jahrestag der Schlacht von Pichincha (1822), ist ein landesweiter Feiertag. Der 24. **Juni**, der Johannestag, wird in allen Pfarreien dieses Namens gefeiert, vor allem aber in Otavalo, wo er das größte Fest des Jahres ist. Am gleichen Tag beginnt in Sangolqui (bei Quito) das große achttägige Maisfest mit Umzügen, Kapellen und Folkloregruppen. Im Mai und Juni finden in den Andendörfern und -städten viele ähnliche Feste statt.
Vom 23. bis 25. **Juli** feiert Guayaquil seinen Gründungstag mit vielen öffentlichen Ereignissen. Ab 5. **August** gibt es in Esmeraldas für eine Woche ein Unabhängigkeitsfest mit Marimba-Musik und Darbietungen afro-ecuadorianischer Kultur. Am 10. August folgt ein nationaler Feiertag, die Unabhängigkeit von Quito. Vom 2. bis 15. **September** lohnt das Yamor-Fest von Otavalo mit Tanz, Umzügen und Hahnenkämpfen. Am 5. September beginnt eines der größten Marienfeste Südamerikas: das der Virgen de Cisne, die in einer großen Prozession nach Loja gebracht wird. Am 24. September folgt das geheimnisvolle Fest der Mama Negra in Latacunga. Der **November** wird beherrscht von dem Totentag (am 2.), der auf allen Friedhöfen mit großem Aufwand begangen wird. Am 5. und 6. **Dezember** feiert man die Stadtgründung von Quito mit einer Art Karneval; es folgen die traditionellen Jahresend-Feiertage.

Fotografieren

Vor allem im Hochland können die Dörfler verhalten bis empfindlich auf Fotografen reagieren, die sie ungefragt aufnehmen wollen. An der Küste sind die Menschen offener, doch schadet es auch hier nicht, wenn man freundlich um Erlaubnis bittet. Hingegen drängen sich die tierischen Bewohner der Galápagos-Inseln geradezu vor die Linse, und man sollte genügend Fotomaterial mitführen, das an Ort und Stelle teuer und schwer erhältlich ist. Man denke auch an Filme mit hoher Lichtempfindlichkeit (400 Asa) für Aufnahmen im Regenwald.

Geld

Im Frühjahr 2000 hat die ecuadorianische Regierung angesichts des raschen Verfalls der einheimischen Währung die Notbremse gezogen und die ohnehin

Von hinten angeschnitten: gebratene Schweine

schleichende »Dollarisierung« der ecuadorianischen Währung offiziell gemacht. Für den Touristen entfallen daher weitgehend die Wechselprozeduren und das Herumtragen großer Banknotenbündel, denn der US-Dollar ist nun das offizielle Zahlungsmittel. Bis 13. September 2000 – unter Umständen auch länger – gelten noch die Scheine der alten Währung, die Sucres. Sie stehen nun in einem festen Verhältnis zum Dollar: Ein US-Dollar ist gleich 25000 Sucres.
Die Währungsumstellung schafft Probleme: Kassen und Finanzsysteme werden erst langsam geändert, und es herrscht noch Mangel an kleinen Dollarscheinen und Münzen. Die Situation wird dadurch weiter kompliziert, dass die Regierung begonnen hat, neue Münzen (»Centavos«) als Kleingeld zu prägen.
Für den Touristen ist es das einfachste, US-Dollars mitzubringen – möglichst in kleiner Stückelung. Als Wechselgeld wird er entweder Sucres, Dollar-Scheine oder die neuen Münzen erhalten. Möglicherweise erhält man beim Wechseln eines größeren Dollar-Scheines neben Dollars und den neuen Münzen noch einen großen Packen der alten Sucres, die es in Banknoten zu 50 000, 20 000, 10 000, 5000 Sucres und Münzen zu 1000, 500 und 100 Sucres gibt.
Größere Unternehmen nehmen auch Dollar-Reiseschecks an. Kreditkarten hingegen werden im Allgemeinen nicht gern akzeptiert, da die Banken sie nur mit großer Verzögerung und Abzügen honorieren. Daher wird häufig ein Preisaufschlag von 5 bis 10 Prozent berechnet.
Man kann Reiseschecks oder andere Währungen nur in größeren Orten in

Zu vielen Feiertagen, hier in Latacunga an Allerseelen, gehört eine Kirmes

Banken oder Wechselstuben wechseln; in letzteren liegt der Kurs, je nach Trend, unter oder über dem Bankenkurs. In jedem Fall bieten Wechselstuben flexiblere Öffnungszeiten (auch an Samstagen) und den Verzicht auf bürokratische Prozeduren, z. B. das Anstehen an mehreren Schaltern, mit denen vor allem ländliche Banken ihre Kundschaft quälen. Auf die Vorlage des Reisepasses verzichtet man nirgendwo, es sei denn bei den Geldwechslern auf der Straße, die man in größeren Städten findet.

Gesundheit

Wie bei vielen Fernreisen sollte Impfschutz vorhanden sein gegen Tetanus, Diphterie, Polio und Hepatitis A. Wer in den Amazonas-Dschungel reist, sollte sich gegen Gelbfieber impfen lassen und die Malaria-Prophylaxe nicht vergessen. Wer keine Luxusreise macht, weiß, dass er sich auch vor Typhus und Cholera schützen muss. Generell ist Vorsicht angeraten bei Eiscreme, Mayonnaise, Tatar, Eiswürfeln, rohen Salaten und Leitungswasser.
Geschlechtskrankheiten sowie Aids sind keine Seltenheit; man sollte Kondome mitnehmen. - Überall in Ecuador, doch besonders in Höhenlagen, ist intensiver Sonnenschutz notwendig.
In Berlin, Hamburg, München und Tübingen sind tropenmedizinische Beratungsstellen. In Hamburg gibt es ein privates Tropenmedizinischesd Beratungs- und Informationszentrum GmbH.

Klima und Kleidung

Statt Jahreszeiten gibt es hier die Monate mit mehr oder weniger Regen. In der Sierra regnet es von November bis Mai häufig nachmittags und abends. In der Costa sind die trockensten Monate Juni bis November. Im Oriente ist es immer heiß und feucht, doch gelten Dezember bis März als die relativ trockensten Monate. Auf den Galápagos-Inseln ist es von Januar bis Juni feuchter, dafür ist das Wetter sonnig und warm.
Die Entscheidung über den Kofferinhalt hängt davon ab, was man wo zu unternehmen gedenkt. Will man länger an der Küste, im Oriente und auf den Galápagos-Inseln bleiben, packt man mehr leichte und leicht waschbare Baumwollsachen ein. Ein Pullover für Quito sollte aber auf keinen Fall fehlen, ebenso eine leichte oder mittelschwere Jacke. In ganz Ecuador kann man von einer Viertelstunde zur anderen in heftige Schauer und sogar Sturzregen geraten, ein dünner Regenmantel gehört daher immer in das Tagesgepäck. Wer sich ausschließlich in den Städten aufhalten wird, kann auf feste und hoch geschlossene Wanderschuhe mit Profilsohle verzichten. Auf den Galápagos-Inseln und im Oriente sind sie unabdingbar.

Küche und Keller

Grundnahrungsmittel in den Anden ist die Kartoffel; die traditionelle Küche kennt nicht nur mehr Sorten, als sich der Mitteleuropäer vorstellen kann, sondern auch viele Zubereitungsarten, die von Pommes frites bis zu den traditionellen Kartoffelsuppen reichen, vom dünnen Caldo mit oder ohne Fleischeinlage (z. B. mit gallina, Huhn) bis zum locro, in dem man verschiedene Gemüsesorten und auch ein Stück Frischkäse findet.
Sancocho ist ein leckerer dickerer Eintopf, in dem tropische Wurzelfrüchte wie Yucca oder Yams zusammen mit Mais und Kochbananen den Ton angeben. Diese Zutaten zeigen schon an, dass Sancocho eher ein Essen des Tieflandes ist, wo das wichtigste Nahrungsmittel die große grüne Kochbanane ist, die in breit geschlagenen fritierten Scheiben (patacones) zu jedem Essen gehört.
Bei den Hauptgerichten spielt in beiden Regionen das Hühnchen die Hauptrolle. In der traditionellen Küche liebt man den Seco, ein Fleischgericht, das aus Hühnchen, Lamm, vor allem aus Chivo, Ziegenfleisch, zubereitet wird. Dazu isst man Reis, aber auch Salate und Gemüse. Bessere Restaurants, vor allem die mit einem Holzkohlengrill ausgestatteten Parilladas, servieren Rindfleisch in allen Varianten. Bestes Stück ist das Filet mignon, ein mit Speck umwickeltes gutes Stück Rindfleisch – jedoch kein Filet, das heißt Lomo Fino. Imbissgrills bieten Schweinefleisch (Chancho) und geröstete Meerschweinchen.
Fisch wird meist paniert gebraten. Am beliebtesten ist aber Ceviche, das sind Fischstücke, die – in Zitronensaft und verschiedenen Gewürzen mariniert – roh gegessen werden. Besonders feine Ceviches werden mit Garnelen (Camarones) oder Langustenstücken (Langostinos) gemacht.
Fast schon eine Institution sind die Chifas, die preiswerte chinesische Küche, häufig in südamerikanischen Varianten, anbieten. Für den kleinen Hunger ist in vielfältiger Weise gesorgt: Nicht nur Ceviches bieten sich hier an, sondern auch Empanadas, Teigtaschen mit verschiedenen Fleisch- und Gemüsefüllungen. Tamales sind Stücke von in Blätter eingeschlagenem und gedünstetem Maismehlteig, in dem sich Fleischstücke befinden; die süße Variante dieses Gerichts wird mit Eiern, Käse oder Erdnüssen gefüllt und heißt Humitas.
Ein erfrischendes Kapitel sind die Früchte, vor allem die tropischen des Tieflandes. Viele Stände bieten sie als Saft, pur,

Quito	Temp. max.	Temp. min.	Regentage	Sonnenstd.
Januar	21°	8°	10	6
Februar	21°	9°	11	5
März	21°	9°	15	4
April	21°	9°	15	5
Mai	21°	9°	13	6
Juni	21°	8°	7	6
Juli	21°	8°	5	7
August	22°	8°	5	7
September	22°	8°	11	6
Oktober	21°	8°	14	5
November	21°	8°	11	5
Dezember	21°	8°	17	6

Durchschnittswerte Quelle: Seewetteramt Hamburg

Galápagos-I.	Temp. max.	Temp. min.	Wassertemp.	Regentage	Sonnenstd.
Januar	29°	22°	23°	6	6
Februar	30°	23°	23°	7	8
März	30°	22°	24°	4	7
April	30°	22°	23°	5	8
Mai	29°	22°	23°	3	8
Juni	27°	21°	22°	2	8
Juli	26°	20°	22°	2	7
August	25°	19°	21°	2	6
September	25°	19°	21°	2	6
Oktober	26°	19°	21°	3	5
November	26°	20°	22°	2	5
Dezember	27°	21°	22°	4	6

Durchschnittswerte Quelle: Seewetteramt Hamburg

mit Wasser oder mit Milch gemischt an. Da heißt es probieren – aber nicht ganz ohne Vorsicht!

Das populärste Getränk ist Bier, das in großen Flaschen auf den Tisch kommt. Wein muss, meist aus Chile, importiert werden und ist daher sündhaft teuer. An nicht-alkoholischen Getränken werden alle gängigen Softdrink-Sorten angeboten, natürlich auch Wasser, das man nur als Flaschenabfüllung trinken sollte. Vom Kaffee ist nicht viel zu erwarten: Meist bekommt man eine Tasse heißes Wasser und eine Dose Nescafé auf den Tisch geschoben. Gute Cafés, die den einheimischen Kaffee als Espresso oder gefiltert servieren, gehören zu den Geheimtipps.

Literatur

Belletristik: Zum international bekanntesten Werk in der Literaturgeschichte Ecuadors wurde der Roman von Jorge Icaza, der die Lebensweise und das Elend der Hochlandindianer mit einem manchmal kaum erträglichen Realismus schildert: »Huasipungo. Unser kleines Stückchen Erde« (Lamuv-Verlag, Göttingen). Ein weiterer, weniger bekannter, aber ebenso lesenswerter Roman des gleichen Autors ist »Caballero im geborgten Frack« (Lamuv-Verlag, Göttingen), ein Stadtroman über das Schicksal eines jungen Aufsteigers in Quito. Spannend geschildert von Adalberto Ortiz ist das Leben eines schwarzen Jungen in der Provinz Esmeraldas: »Juyungo, Roman aus dem Urwald« (antiquarisch; beispielsweise über amazon.de).

Ein breiteres und vielfältigeres Bild von der ecuadorianischen Kultur und Literatur bieten verschiedene Textsammlungen; die umfassendste ist »Cuentos hispanoamericanos. Erzählungen aus Spanisch Amerika: Ecuador« (dtv Taschenbuch, München 1992). Drei weibliche Autoren des Landes werden präsentiert im Band 2 von »Frauen in Lateinamerika. Erzählungen und Berichte« (dtv Taschenbuch, 2. Auflage 1987). Unter dem Titel »Llaqtaq Takiy. Lieder und Legenden, Geschichte und Geschichten der Ketschua« (Vervuert, Frankfurt/M. 1985) kam eine Sammlung traditioneller Literatur der Hochlandindianer heraus, die sich auch auf Peru bezieht.

Für die **Dokumentation** in deutscher Sprache zur aktuellen Situation Ecuadors muss man sich mit Handbuchartikeln (zu empfehlen das Handbuch der Dritten Welt, Bd. 2, 339–382) und die laufenden Länderberichte des Statistischen Bundesamtes Wiesbaden zufrieden geben. In Ecuador selbst erscheint jährlich (aber nur in spanischer Sprache) eine ungeschminkte Datensammlung: Ecuador: Su Realidad.

Sachbuch: Bergsteigen in den Anden und auf den Galápagos-Inseln sind besondere Themen in der Ecuador-Literatur. Einer der ersten Bergführer erschien schon 1907 in deutscher Sprache: Hans Meyers »In den Hochanden von Ecuador«. Er ist noch immer lesenswert. Detaillierte Informationen findet man in Marco Cruz' »Die Schneeberge Ecuadors«. Das neueste verlässliche und umfassende Werk gibt es bislang nur in spanischer Sprache: Serrano/Rojas/Landazuri »Montañas del Sol«, erschienen 1994 in Quito. Für den Galápagos-Archipel sind zunächst die »Klassiker« zu nennen: Charles Darwins »Reise um die Welt 1831–36« (Verlag Ed. Erdmann, Stuttgart) und Herman Melville »Die verzauberten Inseln oder Encantadas« (Winkler Verlag, München). Spannend in seiner Mischung aus Kriminalistik, Geschichte und Landbeschreibung ist John Trehernes Bericht von der berühmten Galápagos-Affäre »Verloren im Paradies« (rororo Taschenbuch). Unter den vielen Beschreibungen der Tierwelt empfiehlt sich der in vielen Auflagen erschienene Bestseller von Irenäus Eibl-Eibesfeld »Galápagos – Arche Noah im Pazifik«.

Um **Land- und Straßenkarten** ist es in Ecuador erstaunlich schlecht bestellt. Für Wanderungen sind die Karten des Instituto Geográfico Militar notwendig, die man auch in der Casa Sucre (Sucre / Venezuela) kaufen kann. Als detailliertere Straßenkarte lässt sich in Ecuador selbst ein bescheidener Autoatlas erwerben (Nelson Gómez E., Guia Vial de Ecuador). Er wird zwar ständig erneuert, gibt aber trotzdem keine Informationen zum jeweiligen Straßenzustand. Der beste Stadtplan von Quito ist der vom Tourismus-Informationsbüro für 1 US-$ verkaufte handliche Faltplan, den man auch in Museen und Hotels bekommt.

Nationalparks/Schutzgebiete

Die Nationalparkbehörde Ecuadors (Inefan) verwaltet 16 geschützte Gebiete, die sich in Größe, Status, Erschließung und Eintrittsgebühren deutlich voneinander unterscheiden. Das größte ist natürlich der Galápagos-Archipel; es umfasst nahezu die gesamte Inselwelt. Beachtlich sind auch die zwei geschützten Regenwaldgebiete im nördlichen Oriente: das Cuyabeno-Schutzgebiet, gelegen um den Aguarico und seinen Nebenfluss Cuyabeno, das wegen seiner reichen Fauna viel aufgesucht wird. Noch größer ist der südlich davon gelegene Yasuni-Nationalpark, der sehr abwechslungsreich, aber schlechter zugänglich ist; an ihn schließt das Limoncocha-Bioreservat an, dessen Mittelpunkt ein großer See mit vielen Wasservögeln ist. Zum Regenwaldbereich gehört auch der Podocarpus-Nationalpark, der sich im südlichen Ecuador vom Amazonas-Tiefland bis zum Andenhochland erstreckt. Bergregenwälder weist der Sangay-Nationalpark um den Vulkan gleichen Namens auf; die Begleitung durch einen Führer ist hier dringend empfohlen.

Die meisten Reservate des Hochlandes schützen die Flanken bekannter Vulkane. Der durch Straßen besterschlossene und daher auch bekannteste Nationalpark erstreckt sich, wenige Kilometer von der Panamericana entfernt, über die Páramo-Hänge und Ebenen des Cotopaxi. Der Cayambe-Park und der Chimborazo-Park werden im Allgemeinen nur von

Renommierte Reiseveranstalter und Agenturen garantieren einen sicheren Dschungelausflug

Bergsteigern besucht, obgleich der Chimborazo-Park mit seinen Herden wieder angesiedelter wilder Lamas und Vicuñas für sich wichtig ist.
Die Küstenzone bietet zwei nennenswerte Schutzgebiete: die nur vom Wasser aus zu erreichende Mangrovenküste südöstlich von Guayaquil (keine Infrastruktur) und den Machalilla-Nationalpark, der nicht nur eine der schönsten Küsten des Landes um Puerto López schützt, sondern auch die größte zusammenhängende Ausgrabungszone der Manta-Kultur ist. Schlusslicht ist, dicht an der peruanischen Grenze, der nur 1,3 ha große versteinerte Wald von Puyango, ein »Patrimonio Cultural« (Kulturerbe).
Es gibt eine stattliche Zahl von Schutzgebieten, die von privaten Stiftungen, Firmen und sogar von der Armee unterhalten werden. Sie sind allerdings fast alle recht klein – mit Ausnahme des schwer zugänglichen, an Kolumbien grenzenden Reservats der Awa-Indianer, das von einer eigenen Behörde verwaltet wird.

Post, Telefon

Postämter gibt es in allen Städten, und hierhin sollte man auch seine Post bringen, um sicher zu sein, dass sie abgeht. Lokale Telefonate kann man von den – manchmal sehr seltenen – öffentlichen Telefonen oder von den an der Straße angebotenen privaten Telefonen führen. Auslandsgespräche kann man preiswert nur von den über das ganze Land verteilten Telefonzentralen führen. Den alten Monopolnamen Emetel gibt es nicht mehr, dafür Anditel im Hochland und Pazifitel an der Küste. Die Preise können je nach Ort sehr unterschiedlich sein; am billigsten telefoniert man von Quito (Colón / 10 de Agosto) aus.

Reiseveranstalter

Nicht gerade billig, aber in jedem Fall sehr zu empfehlen: Metropolitan Touring. Zentrales Büro Av. República de El Salvador N-36-84, Tel. 464702, Fax 2-2482 METOUR ED, P. O. Box 17-17-1649, Quito. Für Galápagos-Kreuzfahrten auf dem Luxusschiff Santa Cruz: Isla Santa Cruz 103 und Av. de las Américas, Tel. 284-666, 4-280-933, Guayaquil Ecuador. Es gibt Zweigstellen in verschiedenen Orten des Landes, z. B. in Riobamba (eigener Zug nach Alausí!). Metropolitan wird in Deutschland vertreten durch Frobeen Erlebnisreisen, Richmondstr. 6, 50667 Köln, Tel. 0221/92042-110, Fax 92042-304. E-Mail: Info@frobeen.de.
Reisen mit Sprachkurs in Ecuador: Hispánica Sprachkurse, Wellersbergstr. 37, 57072 Siegen. Tel. 06641/919200 Fax 0271/3300-791. La Lengua: Colón 1001 / Juan León Mera, P. O. Box 17-07-9519, Quito, Tel./Fax 593/2501 271. E-Mail: lalengua@hoy.net. Die Kontaktadresse für die Schweiz lautet: Peter Baldauf, P. O. Box 9, CH 4313 Möhlin, Tel. 0618539372, Fax 061853 9370, E-Mail: peter-baldauf@bluewin.ch. Es gibt weitere Sprachschulen: Mundi Lingua, Roca 176/Tayo, Tel. (2)224025, E-Mail: info@mundilingus.com; South American Travel Club, Quito, Av. Amazonas 662, Tel. (2) 2569434.

Erhöht das Gefühl von Sicherheit für Touristen – die Touristenpolizei in Cuenca

Sicherheit

Im Vergleich zu den Nachbarn Kolumbien und Peru ist Ecuador noch ein sicheres Reiseland. Dies gilt besonders für die Kleinstädte und ländlichen Gebiete im Alltag. Große Feste und sonstige Gedränge locken allerdings zahlreiche Taschendiebe an, die auch nicht davor zurückschrecken, Rucksäcke und Bauchtaschen unbemerkt aufzuschlitzen. Bewaffnete Raubüberfälle kommen im Allgemeinen nur in der Altstadt Quitos und in Guayaquil vor und auch hier nur in abgelegenen Straßen.
Alle Formen der Kriminalität sind nicht besonders auf Touristen zugeschnitten; auch die Ecuadorianer sind betroffen und sehr darüber empört, denn weit überwiegend sind sie bemerkenswert ehrlich. Kleine Alltagsdelikte wie falsche Preisangaben und falsches Wechselgeld sind die Ausnahme, und ein vergesslicher Gast oder Kunde kann sicher sein, dass er sein Eigentum wieder erhält.

Sport und Aktivitäten

Verlässliche Informationen über Gefahren und Einschränkungen sowie Führer bieten die South American Explorers (siehe Adressen, Informationen).
Für **Bergtouren** ist die Zahl der Bergführer riesig; man sollte sich ausführlich nach Erfahrungen, Sprachkenntnissen und Ausrüstung erkundigen. Erfahrungen anderer Reisender sind hilfreich. Große professionelle Agenturen sind u. a.: Safari, Calama 380 / Juan León Mera, Quito, Tel. 552505, Fax 565261. Nuevo Mundo Expedicion, Amazonas 2468 / Mariana de Jesús, Quito, Tel. 552617. Expediciones Andinas, Argentinos 3860 / Zambrano, Riobamba, Tel. 964915; Ecuadorian Alpine Institute, Tel. (9) 786329, E-Mail: EA@ecuadorexplorer.com.
Auch **Fahrradwanderer** sind in Ecuador anzutreffen; als Einzelkämpfer muss man unter Umständen Angriffe von Hunden und Raubüberfälle fürchten. Beim Flying Dutchman, Quito, Foch 714 / Juan León Mera, Tel. (2) 542806, Fax (2)567008, E-Mail: dutchman@uio.satnet.net, werden Gruppenreisen auf Strecken organisiert, die landschaftlich schön und ungefährlich sind und vornehmlich bergab führen.
Hochseefischen bieten mehrere Agenturen an der Küste an, etwa Pesca Tours in Salinas, Tel. (4)772391, Fax 443142, E-Mail: fishing@pescatours.com.ec.
Tauchen kann man besonders gut auf den Galápagos-Inseln. Galápagos Sub-Aqua ist nicht zu verfehlen an der Ave. Charles Darwin in Hafennähe von Puerto Ayora; Tel. (5)526350.
Wildwasserfahrten bieten an: Yacu Amu Rafting, Quito, Amazonas N24-03/Presidente Wilson, Tel./Fax (2)236844, E-Mail: Yacuamu@rafting.com.ec. oder Adventure Tours P. O. Box 17171765, Tel./Fax

Die innerecuadorianische Fluglinie Tame ist ein zuverlässiger Transporteur zu Inseln und Städten

(2)247878. Die Firma organisiert auch Besuche im Machalilla-Nationalpark und Walbeobachtungsexpeditionen. Explorandes, Presidente Wilson / Diego Almagro, Quito, Tel. (2)222699.

Sprache

Die offizielle Sprache des Landes ist das Spanische; man wird jedoch in den ländlichen Gebieten der Sierra immer wieder auf Menschen stoßen, die es nur schlecht oder gar nicht sprechen, denn hier ist die Verkehrssprache das Ketchua (in Ecuador meist Quichua genannt); eine Variante des Quichua ist auch die wichtigste Sprache des Amazonasgebietes. Fast alle Menschen, die mit Touristen zu tun haben, sprechen auch mehr oder minder gut Englisch.

Trinkgeld

Teurere Restaurants und Hotels haben 10 Prozent Service im Preis eingeschlossen, normalerweise legt man noch einmal 5 bis 10 Prozent drauf. Wo Service nicht eingeschlossen ist, bleibt es dem Gast überlassen, ob und wie viel er gibt, doch sind 10 Prozent eine nette Geste. Auf Galápagos-Reisen sind Trinkgelder für Naturführer und Schiffscrew üblich.
Schuhputzer, Lastenträger, Autoaufpasser und andere kleine Dienstleister erhalten kein Trinkgeld, sondern eine (ggf. vorher auszuhandelnde) Bezahlung.

Unterkunft

Es gibt genug Hotels, doch wer internationalen Standard möchte, muss sich auf wenige Städte beschränken: Quito, Guayaquil, Cuenca und die Ferienanlagen in Esmeraldas und Santa Elena; Reservierungen sind notwendig. Schwer etwas Passendes zu finden ist im Januar in Salinas und Atacames. Auch an Fest- und Feiertagen sowie in den Nächten vor Markttagen (Otavalo!) kann es ohne Reservierung Probleme geben.
Häufig sagt die Bezeichnung nichts über die Qualität: »cabañas« oder »lodges« am Strand bzw. im Urwald können sehr einfach, aber auch komfortabel sein – und entsprechend teuer. Ähnliches gilt für »Hosterias« (Landgasthäuser) und Residenciales. Pensiones oder Hostales bieten stets preiswerte Zimmer. Es gibt eine bemerkenswerte Zahl an Jugendherbergen; Campingmöglichkeiten bestehen in einigen Nationalparks

Verkehrsmittel

Bahn: Nur die Strecke zwischen Quito und Riobamba wird noch regelmäßig (einmal wöchentlich) bedient; es ist eine schöne, aber langsame Fahrt, die den Eisenbahnfreak begeistert. Einzelne Teilstrecken, so die Fahrt von Riobamba in die Küstenebene und der Autoferro von Ibarra nach San Lorenzo, werden fast nur noch für Touristen betrieben und sind entsprechend teuer.
Busse: Es gibt kaum ein Dorf in Ecuador, das nicht mit dem Autobus erreichbar ist; doch nur bei wenigen Verbindungen zwischen größeren Städten entspricht der Beförderungsstandard europäischen Bedingungen. Nur diese kann man im Voraus buchen und bekommt mit Sicherheit einen Sitzplatz. Einen nummerierten Sitzplatz im »Ejecutivo« oder »VIP« bekommt man nur, wenn man am Busbahnhof das Ticket am Schalter kauft. Hier werden zumindest die Abfahrtszeiten eingehalten; Ankunftszeiten hängen von vielen Umständen ab: Wetterbedingungen, Pannen, Baustellen.
Auch die besseren Busse können an jedem Punkt ihrer Strecke angehalten werden. Es ist durchaus üblich, dass Passagiere über längere Strecken stehen und dass auch größeres Gepäck mit in den Wagen genommen wird, wo es die Bewegungsfreiheit der Fahrgäste beeinträchtigt. In solchen Fällen kann man auf häufiger befahrenen Strecken abwinken und den nächsten Bus nehmen, der meist nicht lange auf sich warten lässt. Befahren wird jeder Feldweg bei jeder Witterung; lediglich im Oriente kann es passieren, dass nach üppigen Regenfällen eine Strecke über einige Stunden nicht mehr bedient wird. Die unterste Kategorie an »Bussen« sind die Rancheros: bunt bemalte Holzaufbauten, die auf Lastwagengestelle montiert sind. Sie sind pittoresk, aber, vor allem für große Menschen, sehr unbequem.
Flugzeug: Alle größeren Orte werden von den einheimischen Gesellschaften Tame, San und Saeta angeflogen; mit Ausnahme des Fluges auf die Galápagos-Inseln sind Flugreisen in Ecuador sehr preiswert, aber auch häufig ausgebucht.
Mietwagen: In allen größeren Städten kann man Autos zu den üblichen Konditionen (Kreditkarte!) mieten; ein interna-

Marterfahrt für groß gewachsene Mitteleuropäer im billigen »Ranchero«-Bus

tionaler Führerschein ist nicht mehr erforderlich. Der Verkehr scheint auf den ersten Blick chaotisch; man fährt zwar defensiv, aber überholt nach Belieben auf allen Seiten, vor allem Busse sind unberechenbar. Verkehrsschilder sind selten, Hindernisse werden oft durch Zweige, Erdhaufen oder große Steine angezeigt. Wegweiser fehlen fast ganz, selbst an großen Kreuzungen, so dass man sich immer wieder vergewissern muss, noch auf der richtigen Straße zu sein. Kontrollen von Polizei und Militär sind häufig, aber korrekt. Angesichts der Straßenverhältnisse ist auf fast allen Routen ein Geländewagen empfehlenswert.

Zeittafel

3500 v. Chr.
Die Valdivia-Machalilla-Kultur mit ihrer hoch entwickelten Keramik ist die älteste bekannte Kultur Südamerikas.

500 v. Chr. – 800 n. Chr.
Es entstehen verschiedene städtische Kulturen, in denen auch Metall (Kupfer und Gold) verarbeitet wird.

800 – 1500
Periode der »Integration«, in der sich unter der Führung von Manta verschiedene Stadtstaaten der Küste zusammenschließen. Im Hochland entsteht das Reich von Quito mit verschiedenen Völkern (Cara, Puruhá, Cañari) unter der Dynastie der Shyri.

1450 – 1532
Die Inka-Heere erobern von Süden kommend das ganze Andengebiet von Ecuador. Cuenca wird zur Inkahauptstadt des Nordens ausgebaut. In einem Erbfolgekrieg setzt sich Atahualpa, der Thronfolger aus Cuenca, durch, wird aber unmittelbar danach von dem spanischen Konquistador Pizarro gefangen genommen und hingerichtet.

1532 – 1810
Nach der raschen Eroberung des Andenraums kommt die Provinz Quito, das heutige Ecuador, zunächst zum Vizekönigreich Peru, später zum Vizekönigreich Neu-Granada (später Kolumbien).

1810 – 1830
Die Provinz Quito beteiligt sich an den Unabhängigkeitskämpfen und ist die südlichste Provinz des neuen Staates Großkolumbien. Der zerfällt 1830 in Kolumbien, Venezuela und Ecuador.

1860
Mit Garcia Moreno kommt (nach den Militärs) der erste Staatsmann, der eine Modernisierung und Integration des neuen Staates angeht.

1895
Mit Eloy Alfaro setzt sich erstmals ein Präsident von der Küste durch. Die Sierra und Costa verbindende Eisenbahn wird fertig gestellt. Der Kakaoboom der Küste erlaubt eine Modernisierung des Staates und führt zur Massenwanderung von der Sierra zur Costa.

1925
Die Revolución Juliana durch eine Gruppe junger Offiziere leitet eine Periode der sozialen Auseinandersetzungen mit der Macht der großen Landbesitzer ein.

1941/42
Peruanische Truppen fallen in Ecuador ein und besetzen einen Teil des Landes. Der Waffenstillstand von 1942 setzt das Protokoll von Rio in Kraft, das Peru den größten Teil des ecuadorischen Amazonasgebietes zugesteht.

1972
Die Ausbeutung der Erdölfunde im Oriente beginnt; zugleich übernimmt eine Militärregierung die Macht in Ecuador.

1981
Ecuador kehrt mit dem Präsidenten Jaime Roldós zu den Regeln der Demokratie zurück. Unter seinem Nachfolger Osvaldo Hurtado zeigen sich erstmals die wirtschaftlichen Probleme Ecuadors: Verschuldung und Inflation.

1984
Aufgrund dieser Probleme setzt sich unter Präsident Cordero das neoliberale Wirtschaftsmodell durch, dem auch die nachfolgenden Regierungen folgen.

1995
Neue bewaffnete Auseinandersetzungen mit Peru erschüttern das Land. Korruptionsskandale diskreditieren die politische Klasse Ecuadors.

Zum breiten Unterkunfts-Spektrum gehört auch das Öko-Hotel »El Andaluz« unweit von Salango

1998
Unter dem mit einer sehr kleinen Mehrheit gewählten Präsidenten Jamil Nahuad erreicht die wirtschaftliche Krise des Landes einen neuen Höhepunkt.

Mai 1999
Endgültige Einigung mit Peru über die Grenzziehung, die im Wesentlichen dem Protokoll (1942) von Rio entspricht.

Januar 2000
Korruption und die offizielle Einführung des US-Dollars führen zur weiteren sozialen Destabilisierung des Landes. Die Indígenas des Hochlandes erzwingen den Rücktritt von Mahuad; es ändert sich kaum etwas, denn an seine Stelle tritt Vizepräsident Noboa, einer der reichsten Männer Ecuadors.

Stand der Angaben: Juni 2000.

OCEANO PACÍFICO
COLOMBIA
ECUADOR
Nariño
Cauca
Huila
Putumayo
Sucumbíos
Napo
Esmeraldas
Imbabura
Carchi
Pichincha
Manabí
Cotopaxi
Tungurahua
Los Ríos
Bolívar
QUITO
POPAYÁN
PASTO
Florencia
Tumaco
Esmeraldas
Ibarra
Tulcán
Ipiales
Túquerres
Mocoa
Otavalo
Cayambe
Sto. Domingo de los Colorados
Quevedo
Chone
PORTOVIEJO
Manta
Latacunga
AMBATO
Nueva Loja (Lago Agrio)
Pto. Francisco de Orellana (Coca)
Parque Nacional Sanquianga
P.N. Munchique
P.N. Puracé
Parque Arqueológico San Agustín
P. Arq. Tierradentro
P.N. Yasuni
R. Faun. Cuyabeno
Reserva ecológica Cayambe-Coca
R.E. Cotacachi-Cayapas
Cord. de Chiltazon
Cord. de Lachas
Cord. de Toisán
Mñas. de Onzole
Mñas. de Mindo
Cord. de Chugchilán
Cord. de los Llanganates
Cord. de S. Pablo de Balzar
Mñas. de Convento
Vn. Pichincha 4794
Vn. Cayambe 5790
Vn. Antisana 5758
Vn. Cotopaxi 5897
Vn. Illiniza 5248
Vn. Sumaco 3732
Vn. Puracé
Vn. Doña Juana 4250
Vn. Azufral 4070
Catarata de San Rafael
Cuevas de Jumandí
Santuario Virgen de las Lajas
Mitad del Mundo

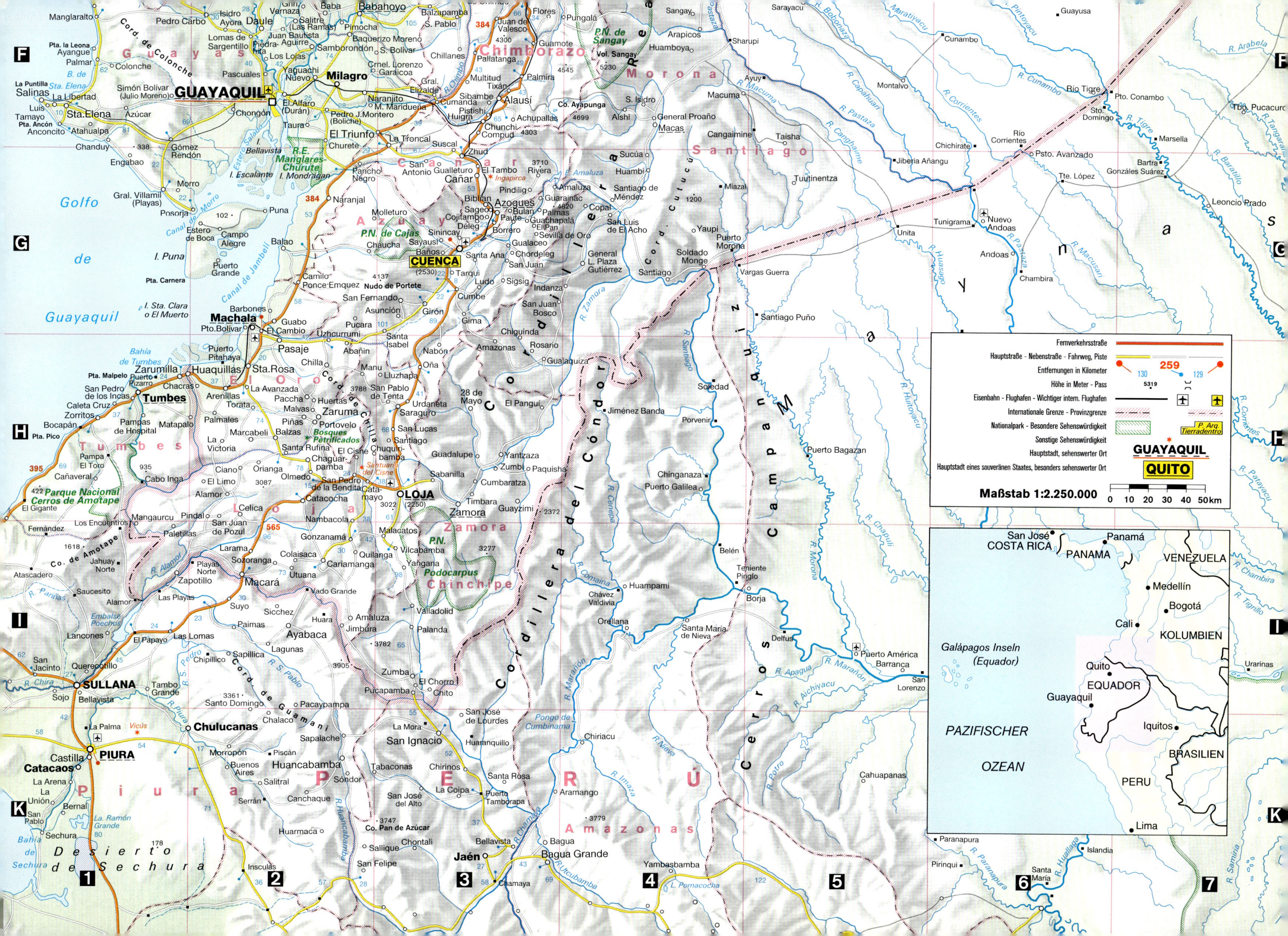

Fernverkehrsstraße
Hauptstraße - Nebenstraße - Fahrweg, Piste
Entfernungen in Kilometer
Höhe in Meter - Pass
Eisenbahn - Flughafen - Wichtiger intern. Flughafen
Internationale Grenze - Provinzgrenze
Nationalpark - Besondere Sehenswürdigkeit
Sonstige Sehenswürdigkeit
Hauptstadt, sehenswerter Ort
Hauptstadt eines souveränen Staates, besonders sehenswerter Ort
GUAYAQUIL
QUITO
P. Arq. Tierradentro
Maßstab 1:2.250.000
0 10 20 30 40 50km
San José
COSTA RICA
PANAMA
Panamá
VENEZUELA
Medellín
Bogotá
Cali
KOLUMBIEN
Quito
EQUADOR
Guayaquil
Iquitos
BRASILIEN
PERU
Lima
Galápagos Inseln (Equador)
PAZIFISCHER OZEAN
GUAYAQUIL
Milagro
Babahoyo
Daule
Salinas
La Libertad
Sta. Elena
Golfo de Guayaquil
I. Puna
Machala
Pasaje
Sta. Rosa
Huaquillas
Zarumilla
Tumbes
Zaruma
CUENCA
Azogues
Cañar
Alausí
Chimborazo
Morona
Santiago
Macas
Sucúa
Gualaquiza
Zamora
LOJA
Macará
Cordillera del Cóndor
Cord. Cutucú
Campanquiz
Cerros
P.N. de Cajas
P.N. Podocarpus
P.N. de Sangay
Parque Nacional Cerros de Amotape
Bosques Petrificados
R.E. Manglares-Churute
SULLANA
PIURA
Catacaos
Castilla
Chulucanas
Ayabaca
Huancabamba
San Ignacio
Jaén
Bagua Grande
Bagua
Amazonas
PERÚ
Desierto de Sechura
Cord. de Guamaní
Co. de Amotape
R. Marañón
R. Santiago
R. Morona
R. Pastaza
R. Zamora
R. Cenepa
R. Chinchipe
Puerto Morona
Borja
Puerto América
Barranca
San Lorenzo
Pto. Conambo
Río Tigre
Montalvo
Andoas
Nuevo Andoas
Yaupi
Vargas Guerra
Santiago Puño
Puerto Bagazan
Soledad
F
G
H
I
K
1
2
3
4
5
6
7

Register

Seitenzahlen, die auf Infoseiten hinweisen, sind **fett** gedruckt. Die Koordinaten in Klammern beziehen sich auf die Karte Seite 112/113.

Lieferbare Ausgaben

In Vorbereitung

Impressum

Verlag:
HB Verlag, Marco-Polo-Zentrum, 73760 Ostfildern, Postfach 3151, 73751 Ostfildern, Tel. 0711/4502-0, Telefax 0711/4502-135, Internet: www.hb-verlag.de
Geschäftsführer:
Dr. Thomas Brinkmann, Dr. Stephanie Mair-Huydts

Redaktion und Produktion:
Harksheider Verlagsgesellschaft mbH, Fabersweg 1, 22848 Norderstedt, Tel. 040/52 88 62-0, Telefax 040/5 23 40 56
E-mail HVGmbh@aol.com
Redaktion:
Ulrike Klugmann (verantwortlich)
Jörg Gensel

Text: Dr. Ulrich Fleischmann, Berlin
Fotografie: Miquel Gonzalez, Barcelona

Grafische Gestaltung:
Gerhard Keim, Frankfurt/Main
Karten:
© Mairs Geographischer Verlag, Ostfildern

Erscheinungsweise: zweimonatlich

HB-Bildatlas Special Fotoservice:
Harksheider Verlagsgesellschaft mbH, Fabersweg 1, 22848 Norderstedt, Tel. 040/52 88 62-22, Telefax 040/5 23 40 56

Vertrieb Zeitschriftenhandel:
Partner Pressevertrieb GmbH, Postfach 810420, 70521 Stuttgart, Telefon 07 11/72 52-227, Telefax 07 11/72 52-310
Vertrieb Abonnement und Einzelhefte:
Zenit Pressevertrieb GmbH, Postfach 8106 40, 70523 Stuttgart, Telefon 07 11/72 52-198, Telefax 07 11/72 52-333
Vertrieb Buchhandel:
Mairs Geographischer Verlag, Marco-Polo-Zentrum, 73760 Ostfildern, Telefon 07 11/45 02-0, Telefax 07 11/45 02-340

Anzeigenalleinverkauf:
KV Kommunalverlag GmbH, Postfach 8105 65, 81905 München, Telefon 089/92 80 96-24, Telefax 089/92 80 96-20

Reproduktionen:
Otterbach Repro GmbH & Co., Rastatt
Druck und buchbinderische Verarbeitung:
Schnitzer Druck GmbH, Korb
Printed in Germany

ISBN 3-616-06463-5

Titel: Nariz del Diablo